FROM PUERTO RICO TO NEW YORK

FRAGMENTS FROM A LIFE OF SERVICE

MANUEL CABRANES

FOREWORD BY
José A. Cabranes

NORTH HAVEN, CONNECTICUT

From Puerto Rico to New York: Fragments from a Life of Service

Spanish-language Manuscript © 1983 by Manuel Cabranes
First Edition © 2024 by José A. Cabranes
Second Edition © 2026 by José A. Cabranes

All rights reserved. No part of this book may be reproduced or transmitted in any form or by any means—electronic, mechanical, photocopying, recording, or otherwise—without prior written permission of the copyright holder, except for brief quotations in reviews and scholarly works. The manuscript for the memoir of Manuel Cabranes (1904–1984) was written in Spanish in 1983. It was prepared for combined publication in both English and Spanish by José A. Cabranes, who supplemented the text with editorial notes, photographs and archival documents, and a Foreword. The first edition was published in 2024.

This second edition of the memoir, also prepared by José A. Cabranes, includes a supplemented Foreword and additional photographs, archival documents, and editorial notes that were not published in the first edition. Photographs and documents herein are from the Cabranes family archives or the public domain, or their use is otherwise permitted. Materials from the public domain were retrieved from sources that include the Library of Congress, the New York Public Library, the New York City Municipal Archives, the Center for Puerto Rican Studies at Hunter College (CUNY), Wikimedia, and others.

All of the copyright holder's proceeds from this work will be donated to charities similar to those Manuel Cabranes supported during his time in New York through his work or otherwise.

Designed and typeset in Adobe Garamond Pro
by Jeanne Criscola | Criscola Design.
Printed in the United States by IngramSpark.

Library of Congress Control Number: 2026930266
ISBN: 978-1-959262-13-8

Published by OctoberWorks
North Haven, Connecticut 06473 USA
OctoberWorks.com

In memory of Carmen López de Cabranes,
of Punta Santiago (Playa de Humacao), P.R.

1909–2006

Contents

FOREWORD 2

1. The First Automobile Ride and Other Events 12
2. Postcards from My Town: On My Fondness for Roosters and Memories of Mrs. Cruz 18
3. Four Ministers and a Recreation Park 22
4. The Road to San Juan 32
5. In Pursuit of New Horizons 40
6. How I Arrived in New York 46
7. How I Spent Two Years as a Student in New York 54
8. In Syracuse 64
9. Thorns Along the Path 68
10. First Steps in New York 72
11. Melrose House 78
12. Melrose House – And the Impact of the Great Migration 84
13. How I Came to Direct the Employment and Migration Office 92
14. The Employment and Migration Office 98
15. Fruits of Betrayal: On the Constant Persecution by the Commissioner and His Associates 112
16. Epilogue 126

Coda: Letter from Manuel Cabranes to José A. Cabranes (1961) 128

APPENDIX A: Sources and Documents 131

APPENDIX B: Original Spanish (español original) 157

APPENDIX C: Carta de Manuel Cabranes para José A. Cabranes (1961) 253

ACKNOWLEDGMENTS 256

Jennifer, Carmen, Manuel, and Amy Cabranes on Christmas Day, 1979.

Foreword

José A. Cabranes[*]

This project—the memoir of my late father, Manuel Cabranes—began in 1983 at the behest of his granddaughters (my daughters, Jennifer Ann and Amy Alexandra Cabranes). They wished to know more about Manuel Cabranes's life and that he, then aged 79, pass along his wisdom and his memories. My father died in early 1984, less than a year after he embarked on this project. He had completed a first draft, in Spanish, which he did not intend to be the finished product. Alas, the first draft became the final draft.

Now myself an octogenarian—*tempus fugit*—I am prompted to share these fragments of the story of Manuel Cabranes, not only for our family's personal history, but for the benefit of the Puerto Rican community writ large. To this end I have had his memoir translated into English and published in both English and Spanish in the volume you now hold in your hands.[1]

---

[1]. The original Spanish can be found in Appendix B. Making this memoir available was an interest of Professor Félix V. Matos-Rodríguez, then director of the Center for Puerto Rican Studies at Hunter College, and now the Chancellor of the City University of New York. Several years ago, Professor Matos-Rodríguez encouraged me to send him a copy, but I felt at the time that it would have been premature in light of the embryonic stage of the undertaking. I am grateful for his inspiration to push this project to completion.

[*] José A. Cabranes is a United States Circuit Judge for the Second Circuit.

At his death, Cabranes was described by the *New York Times* as "the ranking Puerto Rican official in New York City for nearly two decades."[2] Born in 1904 in the small countryside town of Toa Alta, Puerto Rico, he died in 1984 in San Juan. His life spanned two cultures and the bulk of the twentieth century. The memoir speaks for itself, so I will content myself with a brief summary of his remarkable career.

Cabranes was among the first generation of Puerto Ricans educated under the American flag. Indeed, it was only in 1917, when he was twelve, that Congress made Puerto Ricans U.S. citizens.[3] In a fashion typical of a largely nonliterate society, he was educated in a local grammar school where, not long after his graduation, he was employed as a teacher. In the meantime, he continued his own formal education in secondary school and, in due course, at the University of Puerto Rico, founded in 1903.

In 1928, he became one of the island's youngest principals when he was appointed at 23 to head the Rafael M. de Labra Public School, a large junior high school in Santurce, P.R.[4] After three years as principal, he was awarded a scholarship to study an emerging social science, social work, at Fordham University in New York, and thereby became one of the first professionally trained social workers in Puerto Rico.[5]

---

2. Obituary, *Manuel Cabranes, Puerto Rican Aide in City for 20 Years*, N.Y. TIMES, Feb. 17, 1984, at https://www.nytimes.com/1984/02/17/obituaries/manuel-cabranes-puerto-rican-aide-in-city-for-20-years.html [https://perma.cc/A9X4-56S9].

3. *See* Jones Act of 1917, Pub. L. No. 64-368, § 5, ch. 145, 39 Stat. 951, 953.

4. *See* page 40, *post*.

5. *See* Appendix A6–7.

His two years at Fordham and as a staff member at Union Settlement House in East Harlem coincided with the depths of the Depression and the beginning of the New Deal. He attended the inauguration of Franklin D. Roosevelt in March 1933 as the personal guest of Santiago Iglesias-Pantín, the patriarch of Puerto Rico's trade union movement,[6] and shortly thereafter returned to Puerto Rico to become the first executive secretary of the Child Welfare Board of the insular government.[7] That same year, he met and married Carmen López-Rosa, of Punta Santiago (Playa de Humacao), the love and companion of a lifetime. She was a wonderful mother, wife, and educator, and—although his remembrances, on account of their fragmentary nature, contain little of his family life—it is to her this book is dedicated.

In 1934, Cabranes co-founded the Puerto Rico Society of Social Workers. The following year, he co-founded the Puerto Rico Mental Hygiene Association and served as its first secretary. During leaves of absence from the Child Welfare Board, Cabranes organized and directed the division

---

6. Iglesias-Pantín, who served as the pro-American Resident Commissioner of Puerto Rico in Washington from 1933 until his death in 1939, had been arbitrarily arrested and jailed for labor organizing under Spanish rule. *See generally* GONZALO F. CÓRDOVA, RESIDENT COMMISSIONER SANTIAGO IGLESIAS AND HIS TIMES (Editorial de la Universidad de Puerto Rico 1993); *see, in particular*, Chapters I ("Puerto Rico in the 1890's") and II ("The Coming of Iglesias and the Creation of the Labor Movement [1896-1900]"). In contrast to the efforts of the Spanish regime and leaders of the short-lived creole "Autonomist" government, notably including Premier Luis Muñoz-Rivera, to suppress the movement to unionize workers, "Iglesias hoped to find the liberty he was struggling for under the stars and stripes." *Id.* at 64. Indeed, after political prisoners such as Iglesias were freed from imprisonment by U.S. forces, "there would always be an American flag in the offices and activities of the unions Iglesias directed." *Id.* at 65. His trade union movement was affiliated with the American Federation of Labor, and his Socialist Party of Puerto Rico is not to be confused with the avowedly Marxist and pro-independence movement of the 1970s.

7. *See* Appendix A6–7.

of probation and parole of Puerto Rico's Department of Justice (1934–1936) and supervised the social work program at labor camps organized by the Puerto Rico Reconstruction Administration (1936–1937), the insular counterpart of the New Deal's National Reconstruction Administration.

In 1938, Cabranes became supervisor of social work in Puerto Rico's Department of Education, and in 1940 he began correctional work, by appointment of Puerto Rico's Attorney General, as the Director of the Industrial School for Boys in Mayagüez.[8] From 1942 until he moved with his family to New York in 1946, he was Chief Probation Officer of the United States District Court for the District of Puerto Rico.[9]

In 1946, Cabranes was recruited to become executive director of Melrose House, a settlement house in the South Bronx devoted to serving new arrivals—initially Jews and later Puerto Ricans.[10] Two years later, Puerto Rico's Governor, Jesús T. Piñero, appointed Cabranes as the first director of the Employment and Migration Office of Puerto Rico in New York (informally known as the Office of Puerto Rico in New York). For nearly two decades thereafter, Cabranes was a principal liaison between the governments of Puerto Rico and New York City. During that time, he initially represented the Puerto Rican government as its ranking official in the City under the successive administrations of Piñero and Luis Muñoz-Marín—the first appointed and elected

---

8. *See* Appendix A8.
9. *See* Appendix A9.
10. *See* Appendix A14, 22.

Puerto Rican governors of the island, respectively. Later, as an advisor on Puerto Rican affairs to the City government, Cabranes continued to serve as a spokesman for the City's growing population of Puerto Rican migrants to the continental United States after the Second World War.

His two decades of postwar service in New York were catalyzed by the "Great Puerto Rican Migration," as it is sometimes known: the influx of nearly half a million migrants to the mainland during the late 1940s and 1950s.[11] "As the principal spokesman for the mass of poor Puerto Ricans who had come to New York," the *New York Times* noted, "he was called upon to defend them from attacks by opponents of the migration."[12]

At a time when many were hostile to Puerto Ricans living in New York City, much less serving in the highest echelons of its government, Cabranes was appointed in 1951 by Mayor Vincent R. Impellitteri as Assistant Secretary of the New York City Commission for the Foster Care of Children. Three years later, he was appointed Consultant to the Commissioner of Welfare, a position he held until 1965, when he retired to Puerto Rico to teach sociology at the College of the Sacred Heart in Santurce.

In his administrative positions, Cabranes undertook a wide variety of projects involving the growing but politically

---

11. *See* Dep't of Latin Am. & P.R. Stud., *Puerto Rican Emigration: Why the 1950s?*, LEHMAN COLL., https://lcw.lehman.edu/lehman/depts/latinampuertorican/latinoweb/PuertoRico/1950s.htm [https://perma.cc/M5GD-QR4A].

12. *See* Obituary, note 2, *ante*.

weak Puerto Rican community of New York City. He served as vice chairman and executive officer of the Mayor's Committee on Puerto Rican Affairs (to which he was originally appointed by its founder, Mayor William O'Dwyer); as a member of the Mayor's Committee on Unity, which aimed to foster harmonious interracial relations; and as a member of the Board of Education's first Commission on Integration (1954).[13]

Also noteworthy are Cabranes's contributions as a public intellectual, especially on matters relating to the "Puerto Rican problem," as it was then known.[14] In addition to studies in professional journals, he contributed several articles on public affairs, history, and literature to Spanish-language periodicals in Puerto Rico and New York.

He served as a trustee of a variety of philanthropic and religious organizations. In an era well before the creation of federal scholarship programs, Cabranes co-founded the New York Puerto Rican Scholarship Fund in 1952 and served as its executive secretary until his return to Puerto Rico in 1965. He was a leading Roman Catholic layman, serving from 1953 to 1958 as the first chairman of the Citizens' Committee for the Feast of St. John the Baptist, Puerto Rico's patron saint. Under the auspices of Francis Cardinal Spellman, the Roman Catholic Archbishop of New York, the Committee sponsored and organized the large annual feast day each June in St. Patrick's Cathedral and on Randall's Island.[15]

---

13. *See* Appendix A13, 16–19, 23.
14. *See* Appendix A16.
15. *See* Appendix A24.

Puerto Rico, since its cession by Spain and the end of the Spanish-American War, has been a battleground between several forces. The statehood movement, founded by Dr. José Celso Barbosa of the Statehood Republican Party of Puerto Rico, competed against various elements of the *independentista* movement. One pro-independence movement, the Popular Democratic Party, founded by Muñoz-Marín in 1938, later evolved to favor Puerto Rico's "autonomous" status as a Commonwealth. One final item of note that, because of my father's characteristic modesty, the following pages may not fully capture is the respect for him from those across the peaceful elements of the Puerto Rican political spectrum—including members of both the statehood and independence movements. His personal friends included leaders of both movements, whom he respected and admired as persons devoted (as he was) to the welfare and protection of Puerto Rico's poorest people.[16]

Meanwhile, my father opposed and was opposed by political extremists in Puerto Rico. Unlike Barbosa's, Muñoz-Marín's, and other peaceful political organizations on either side of the statehood/independence debate and hostile to them all, the Nationalist Party led by Pedro Albizu Campos was often militant in its opposition to its political rivals, the elected government of Puerto Rico, and the United States. As set forth in Appendix A, Cabranes was

---

16. *See* Appendix A15, 28.

the target of an abortive assassination attempt in November 1950 as part of a series of planned attacks by the Nationalist Party that also included the attempted assassination of President Truman, as a result of which my father at one point required round-the-clock police protection.[17] My father could not be cowed by this attempt on his life, either personally or in the performance of his public duties. He returned home that evening to spend a quiet night reading the paper to my brother and me and later returned to work after turning down a bodyguard.

The vignettes in these reflections offer mere glimpses of the full picture of my father and his life, times, and views. My father was witness to and participated in consequential changes for the United States, Puerto Rico, and his people. Born a colonial subject, Manuel Cabranes was later made a citizen of the United States alongside his fellow Puerto Ricans and would go on to rub shoulders with Senators and attend Presidential inaugurations, always in service to and on behalf of the island, the nation, and his community. His life would take him from a small town in the Puerto Rican countryside where the sight of a car was a wonder, to the political and economic capitals of the United States, and back to Puerto Rico—variously by ship, plane, train, and automobile. He began his career with only a grammar-school education but would become a public intellectual and a pioneer in an entirely new field of social science. His good works and wise

---

17. *See* Appendix A20–21.

counsel left their mark in Washington and New York during a time of social tumult and in Puerto Rico as it underwent economic modernization and engaged in ongoing disputes over its political self-conception. Amidst these monumental shifts in his own circumstances and in the cultural, economic, political, and social conditions around him, Manuel Cabranes remained steadfast both in his commitment to public service and in his dedication to and love for his family.

As I realized after the initial publication of these remembrances, perhaps no amount of time or words would have sufficed to capture the richness and vitality of my father, either personally or professionally. This second edition nevertheless tries to more vividly illuminate his extraordinary life and times by incorporating family and archival photographs that depict the world in which my father lived. I hope that his example may shed light on the unique experience of the Puerto Rican diaspora in the twentieth century, a story that remains, at least for now, far too unfamiliar and far too misunderstood.

President Theodore Roosevelt in an early-model auto during a visit to Puerto Rico in 1906.

I

The First Automobile Ride and Other Events

Of Attorney Antonio López del Valle ("Toñito López")—the firstborn of the wealthy landowner Mr. Antonio López and his very kind wife, Mrs. Rudesinda ("Uva") del Valle—I retain an everlasting memory. And rightfully so, for I owe him my first automobile ride. It happened as follows.

A grand "society ball" had just commenced at the casino, located on the upper floor of the building currently occupied by the commercial establishment of Leopoldo ("Poldín") Díaz-Alfaro. The noise in that entire venue was enormous. The music of the orchestra, brought in expressly from San Juan, mingled with the voices and laughter of the participants in the event, along with the intermittent sound of champagne bottles being uncorked at the bar.

Four or more boys, aged eight to ten, lingered frustrated at the casino entrance, waiting for a moment of distraction from the doorman to sneak upstairs to peek at the ball. We had tried in vain, placing ourselves among a group of guests that included Mr. Modesto Archilla and his daughters, Mayor Ricardo Roca, Manolín López del Valle, and the brothers Pepe and Arturo Izquierdo, among others.

Mr. Modesto stood out in the group, as he would later stand out at the ball itself. According to my father, Mr. Modesto was the most perfect and elegant dancer ever known. He taught his younger friends—my father among them—how to dance the polka and the lancero. And I was certainly eager to see Mr. Modesto dance.

In those endeavors, I was in the company of the aforementioned boys when the gleaming automobile of Attorney Toñito López appeared beside us, driven by his chauffeur from San Juan, where Toñito was a member of the House of Delegates.

Tall, slender, dressed in black with a vest, Toñito quickly dismounted from his automobile to go up to the ball. However, noticing the curiosity of my friends and me about the automobile, which we were seeing for the first time, he addressed the chauffeur, saying: "Take these boys around the square and return here."

And without delay, we all jumped into the automobile for the ride that its generous owner had arranged for us.

Many years have passed since then, but I have never forgotten such an unexpected yet pleasant experience. Nor, naturally, the generous gesture of Attorney Antonio López del Valle towards some young boys from his hometown.

This episode of my life took place around the year 1912. And I must note, as a postscript, that Attorney López del Valle was the

1. THE FIRST AUTOMOBILE RIDE AND OTHER EVENTS

father of Toñito López-Nevares, who, years later, was my student at the José Pablo Morales School, where I served as an elementary school teacher.

Indeed, that automobile was the first I remember seeing in Toa Alta or anywhere else. However, I must mention another automobile that appeared in my town around the same time. This second vehicle belonged to Dr. Simón ("Simonsito") Moret-Muñoz, an interesting figure who was the municipal charity doctor there.

Stout, with a frank and jovial character, Dr. Moret was the son of Mr. Simón Moret-Gallart, who had been Mayor of Ponce, and the nephew of the patriot Luis Muñoz-Rivera. Newly arrived from the United States, where he had studied medicine, Dr. Moret came to Toa Alta to practice his profession. And here, he enjoyed great popularity and esteem. For if his father, as Mayor and short on money, took off his own shoes to give them to a peasant who came to him seeking help to buy shoes—as I heard from people who knew him—his son Simonsito also knew how to win friends.

I remember Dr. Moret and his automobile because I almost got run over by it in front of my house. The driver of the vehicle, who was Dr. Moret himself, was not at fault. The fault was mine, as I was running, trying to cross the street as the automobile approached. The doctor managed to brake and avoid the accident. He immediately went up to my house to inform my mother of what had happened. The pallor of his face and his speech revealed the emotion he felt.

Aside from that incident, I remember Dr. Moret for other details of more general interest. One of these was the operations he performed on the balcony of the Relief Room, located across from the recreation square, in full view of all who wished to witness them. Another was the wart he unexpectedly removed in the middle of the street from the tobacco worker Damián Nieves. Removing that wart that hung next to one of Damián's ears was a fixation of the doctor, which clashed with the tobacco worker's refusal. "Let the guy live with his little bump," Damián would say to the doctor whenever the latter suggested the convenience of removing the wart to "improve" his appearance.

Finally, one afternoon, while Damián, squatting, was conversing with several friends—without suspecting Dr. Moret's presence behind him—the doctor suddenly removed the wart with the first touch of his scalpel. What a scream of fright Damián let out upon feeling the scalpel's incision and noticing the blood running down his cheek! But what could have been considered an aggravated assault, with premeditation, was nothing more than a spontaneous act, celebrated by the doctor, the patient, and those who witnessed it. Damián and Dr. Moret continued to be the same good friends they had always been.

An event of enormous significance for Puerto Rico took place on the first Tuesday of November in that year, 1912. I refer to the election of Woodrow Wilson as President of the United States of America. The news reached my father unexpectedly, with almost a day's delay, due to the limited means of communication available at that time.

It had rained torrentially. The Plata River, which runs through the jurisdiction of Toa Alta, had overflowed its banks, flooding the lowlands along its margins. And the even more Toa Alta-centric Lajas River, a tributary of the Plata, unable to penetrate the strong current of the latter, offered a similar spectacle. We were witnessing the great annual flood of these noble rivers, which my father called "of the dead," as it coincided with the observance of All Souls' Day.

Around five in the afternoon, the weather had improved. And once the rain had stopped, even if only for a while, my father invited me to accompany him to see the cattle he had on a small farm adjacent to the municipal slaughterhouse. This farm did not belong to my father but was rented from Mr. Eladio Izquierdo-Serrano, who was first a priest and later a doctor of medicine.

On our way back, our errand completed, we were walking, admiring the green spaces on both sides of the road, when we encountered the public-school teacher, Mr. Ángel ("Angelito") Sevilla, who was walking in the opposite direction, heading home. He was beaming with joy—under an umbrella in case it rained again—and, addressing my father, he said, "Manolo, thank God, Wilson won!"

What a sudden sadness was reflected on my father's face! As an enthusiastic Republican, he had hoped for the victory of Theodore Roosevelt, the "Bull Moose" candidate. But, with no choice but to politely acknowledge his interlocutor's greeting, he could barely manage a slight and cold smile and say these or similar words: "I congratulate you, Angelito. You must be very happy."

And quickly moving away from Ángel Sevilla, who also quickened his pace to get home, he put one of his arms around my shoulders and, speaking to me in a low voice, said: "That rascal Ángel Sevilla just wanted to annoy me."

TOP *La Plaza Manuel Egozcue Cintrón*, the town square (*plaza pública* or *plaza de recreo*) in Manuel Cabranes's home—Toa Alta, Puerto Rico, 1910.

BOTTOM A cockfighting ring near San Juan, Puerto Rico, 1937.

2

Postcards from My Town: On My Fondness for Roosters and Memories of Mrs. Cruz

As a child, I had a vivid fondness for roosters. I learned from my father how to make paper roosters of different sizes, which I would take to compete with others made by my contemporaries. The stakes were the numbered sheets from the calendar. I delighted in hearing real roosters crow—especially early in the morning when I would wake from my sleep—watching them dominate the henhouse, and even more, seeing them fight.

In my memory, I carry the image of the little Camagüey rooster that Juancho Torres, a farmer from Barros (now Orocovis), brought me as a gift. My father bought cattle from him. At my request, my father carefully prepared the little rooster for a contest. He fed it only corn, trimmed the feathers on its back, sides, and neck, trained it for several weeks, and had it fight several times with a spurless rooster, both roosters having their spurs covered. My father knew about roosters. He owned a cockfighting pit for several years until the Americans arrived and banned cockfighting.

The formal contest for my little rooster took place. Neither my father nor I were present. But the news that reached me was that my little rooster had lost. How much sorrow weighed on me whenever I remembered my little rooster and the tragic end it met!

In the rooster-fighting realm—despite my attachment to that little rooster—my favorites were the young roosters whose spurs were just starting to grow or were in "buttons." I handled them better, and besides, the likelihood of mutual injury in fights with evenly matched rivals was minimal.

Sometimes, on Saturday mornings, I would leave my house with a young rooster under my arm to fight it in a nearby corral. In case I might lose it, I would tie a long rope to the rooster, making it easier to retrieve immediately.

On one such adventure, another boy and I walked along "Melao" Street, without achieving our goal. Frustrated, we reached the end of the street and stopped in front of the beautiful residence of Mrs. Cruz-López, located beside the road that then led to Santa Rosa.

Mrs. Cruz was an elegant and respectable lady, a descendant of a distinguished family. Her residence was exquisite. Fragrant rosebushes in the front and fruit trees around it adorned that mansion.

My companion and I considered for a moment whether to enter Mrs. Cruz's corral, and finally, we decided to do so. If we didn't find a rival for the rooster I carried—we told ourselves—we could at least enjoy the peels of one or more sweet little oranges that, it was said, Mrs. Cruz had in her yard.

We had barely crossed that corral and started to taste the peel of a little orange when Mrs. Cruz, who surely had been watching us, appeared before us. Terrified, we would have fled. But Mrs. Cruz, kindly, insisted that we accompany her inside her residence, leading us to the kitchen-dining room. Her husband, Mr. Francisco (Pancho) Canino, with an unfriendly face, was sitting in a fiber hammock, cutting kindling for the fire. This Mr. Pancho was the same gentleman who year after year traveled by carriage to the Coamo Baths.

Mrs. Cruz, who had no children, was extremely attentive to us, making us sit at her table, from where we could admire the rich furnishings of the living room. At her insistence, we savored a mamey sweet, made by her, and accepted several little oranges that she placed in our hands.

"Come back here whenever you wish," she said, "but don't forget to come see me first."

Delighted with the treatment received and the kindness of Mrs. Cruz, we bade her farewell. Later, over the years, whenever Mrs. Cruz and I met on the street, we would exchange greetings of pure affection.

My fondness for roosters was fleeting, vanishing like soap bubbles. Not so my respect and admiration for Mrs. Cruz.

Examples of Protestant churches in "Porto Rico," the official spelling for the new U.S. colonial territory adopted in statutes from 1900 to 1932, when the correct Spanish spelling was restored. Protestantism was introduced to Puerto Rico after the Treaty of Paris ended the Spanish-American War in 1898. Presbyterians were notably active in establishing churches, hospitals and schools.

3

Four Ministers and a Recreation Park

Mr. Tomás-Martínez was the first and probably the most educated of four Protestant ministers I knew in my town during the first two decades of the current 20th century. The other three were, in the order I mention them, Mr. Juan del Río, Mr. José ("Pepe") L. Santiago-Cabrera, and Mr. Howard T. Jason. All of them performed fruitful religious work, and their homes were examples of what a Christian family should be. However, it was Reverend Jason who—as will be seen later in the course of these notes—added a new dimension to his church, thereby making a positive contribution to youth education, regardless of creed.

Of medium height and very active, Mr. Tomás possessed a broad and solid education. His voice was well-modulated, and he was a great sacred orator. Before entering the evangelical ministry, Mr. Tomás had been a Roman Catholic priest.

My father delighted in listening to this minister interpret biblical passages and preach to his congregation during evening services. Sitting on the balcony of our house with my mother, my father could see and hear Mr. Tomás, as the temple was directly across the street.

Mr. Tomás was married to a lady from San Germán named Angelina, who was a friend of my mother's. There were about two or three children in the family, one of whom later became (and still is) the celebrated actress Mona Martí.

A tragicomic episode occurred one Saturday morning while the minister was supervising the sweeping and washing of the temple floors. The eldest son, a boy of about fourteen who seemed to be mentally retarded, fell on the sidewalk in front of the temple with two buckets of water he was carrying, one in each hand. The noise of the fall drew Mr. Tomás's attention, who, dismayed by the sight of the boy lying on the ground, did not make the slightest gesture to help him up. Instead, with a stentorian voice, he shouted: "Get up, you brute!" And just like that, the boy got up as best he could and walked away, not without first looking around to see if anyone was watching him.

Although saddened by what happened to the boy, my father and I, who were in our home's yard and witnessed the incident, could not help but celebrate then (and thereafter) Mr. Tomás's "Get up, you brute!"

Sometime later, Mr. Tomás died suddenly, a victim of a heart attack, as I heard from my parents, and his family returned to San Germán.

The Del Río and Cabranes families were neighbors and friends during the years the former lived in Toa Alta and afterward. All or almost all of the Del Río siblings—Manolo, Carmen

Luz, Ruperto, José María, and Salvador, the latter my contemporary—were my classmates. Additionally, José María, Salvador, and I were frequent playmates.

The entire Del Río family attended the temple during the services led by Mr. Juan, the pastor. His wife, Mrs. Edith Julien de Del Río—of Anglo-Saxon descent, originally from the English Antilles—played the organ, and several of the children assisted her with the singing. The children also actively participated in the "Bible School" and other church functions.

During the tenure of Mr. Juan Del Río, first, and his successor, Reverend Santiago-Cabrera, who was my mother's first cousin, I regularly attended the Christmas service of the evangelical worship, along with many other boys my age. There I saw, for the first time, and continued to see year after year, the Christmas Tree, adorned with lights and decorations on its pedestal. There I also met Santa Claus, personified by Dr. William Odell, then Superintendent of the Presbyterian Mission in Puerto Rico, who came expressly from San Juan to participate in the service and play the role of Santa Claus. After the Christmas program ended, with Dr. Odell—I mean Santa Claus—making his exit until the next year, we all rushed out to savor the sweets that had been distributed to us.

Mr. Juan, who was an older man, resigned from the ministry and moved with his family to reside in San Juan Moderno, a development built east of the current Church of San Jorge in Santurce. My mother and I visited them there.

Pepe Santiago-Cabrera—I refer to him this way familiarly because, as an adult, I developed a frank and cordial friendship with him—was distinguished by his dedication to the ministry and his outstanding qualities as a preacher and singer. During his pastoral tenure, the original congregation grew considerably, and another community was established in the Espinosa neighborhood of Dorado. Another notable achievement was the construction of the new temple—a concrete building with living facilities for the minister and his family—just a few steps from the original church.

For his travels to nearby and distant places, the pastor had two means of transportation. One was his horse "Baby," a bay-colored, comfortable-to-ride specimen, which the preacher took great care of. The other was his motorcycle.

Santiago-Cabrera's mother, Aunt Loretito, who lived in Ciales with her husband, came to visit him from time to time. She divided her stay between her son's house and ours. Her father, José Pilar-Santiago, a farmer who had been the mayor of that town, did the same. Pilar's visits were, out of necessity, less frequent and of short duration, usually while en route to or from San Juan. He always stayed overnight at our house, much to my parents' great pleasure.

My father's fondness for biblical stories and evangelical hymns was satisfied by Reverend Santiago-Cabrera's interventions at the temple across from our home. By softly accompanying the congregation, my father learned the lyrics and melodies of every hymn in the hymnal. Occasionally, he would reference passages he heard the minister interpret and hum verses from some hymn. However, he could never get my mother to share those interests. For her, the interpretation of the gospel given by the priest during Sunday Mass or on holy days was definitive. In terms of keeping her faith intact, my mother's attitude was similar to that of the Filipino Muslim who walks away when he sees a missionary approaching.

From Toa Alta, Santiago-Cabrera moved to Aguadilla, where he was stationed for many years as the minister of the Presbyterian Church in that city. Later, he became the Director of Religious Education for the Presbyterian Church throughout Puerto Rico. While serving in that capacity, he visited me at my home—on the grounds of the Industrial School for Boys,[18] where I was the Director—in the company of the eminent Dr. Ángel Archilla Cabrera, who was then the Director of the Presbyterian Mission in Puerto Rico. Santiago-Cabrera and Archilla Cabrera were relatives and both were related to my mother. Dr. Archilla Cabrera was a prominent intellectual figure within the evangelical movement in Puerto Rico and an eminent sacred orator. I knew him by reputation and "by sight," but I had not had the pleasure of speaking with him.

Reverend Santiago-Cabrera, already retired from his ministry, visited me for the last time at my home in Flushing, New York, where he was a guest of my wife Carmen and me during dinner. We again recalled Dr. William Odell, who, already elderly, was living in retirement in the nearby state of New Jersey. Santiago-Cabrera had told him how I remembered his presence at the Presbyterian Church in Toa Alta, particularly his role as Santa Claus. This, according to my interlocutor, brought such deep joy

---

18. *See* Appendix A8. —*Ed.*

to the elderly minister that he invited me to meet at the headquarters of the Presbyterian Mission in Manhattan, where he visited once a week. I still regret that this meeting never took place due to my professional commitments at the time.

While conversing with my constant friend, Santiago-Cabrera, after dinner, I heard him make an observation about my Catholic Church that left me perplexed. He referred to the mystique of Catholicism, attributing it, in part, to the layout and interior design of the temple—including the presence of images—and to certain ritual practices. Confused, I remained silent. But reflecting retrospectively on what the minister had said—particularly his reference to images—I wonder: doesn't Reverend Santiago-Cabrera's observation coincide, at least partially, with the thoughts of the traditionalist French Archbishop Marcel Lefebvre, who opposed the reform of the Church carried out by the decrees of the Vatican Councils I and II?

Santiago-Cabrera was happily married to Myra Stevenson, whom he met while studying to become a minister in Indiana, USA. His wife outlived him. They had three children—Dwight, Parker, and a girl whose name I don't recall. Dwight is a renowned physician specializing in myocardial diseases, who was the Director of the Presbyterian Hospital in San Juan in his youth.

A sign with the word "Welcome" inscribed on its surface and supported by two rustic beams marked the entrance to the sports park located next to my house. Boys and girls of all ages frequented that place, some to start and others to continue practicing their favorite sport.

For several weeks, Reverend Howard T. Jason—recently appointed evangelical minister and successor to Reverend Santiago-Cabrera—had worked tirelessly there, aided by his sons, Roberto and Howard, and some local youths.

The park that Reverend Jason had planned was now a reality. And there he was with his aforementioned sons and their sisters, Abigail and Juanita, ready to lead sports instruction. The only one missing from the park was Mrs. Lena, the minister's wife, who stayed home attending to household chores. What an admirable African American family the Jasons were! Their lifestyle served as an inspiration to countless others in my town. On one side, the minister with his integrity and dedication, and on the other, Mrs. Lena with the finesse and elegance of the Southern lady she was, earned the respect of the community. And their children were generally well accepted by their neighbors.

The sports park occupied a large flat piece of land owned by Mrs. Eloísa Senén-Díaz, located between my house and a moderately elevated hill, in front of the new Evangelical Temple. The park featured a baseball diamond, basketball, volleyball, and tennis courts. There were also areas designated for croquet and horseshoe games. Occasionally, track and field competitions and sack races were held there. In that park, I learned to play all the aforementioned sports, with Reverend Jason or his eldest son, Roberto, acting as instructors. I confess, however, that I never excelled in any sport.

Established around 1917, this park was the first step toward providing organized sports practice in Toa Alta. Its operation added a new dimension to the group activities of the children of that era, which consisted of playing hide and seek, leapfrog, and hopscotch, as well as swimming in the nearest deep spots of the Río de la Plata or the Río Lajas.

Reverend Jason, who later moved to Corozal, and his daughter Abigail, taught English for some time at the José Pablo Morales School, which I attended. Abigail continued teaching in Palo Seco. Roberto Jason, who was studying in the United States, would visit his parents' home during vacations. By the 1960s, Roberto was the Head of the Biochemistry Department at Howard University and exchanged greetings with me through mutual friends. Of Howard Jason, my contemporary and classmate, and of Juanita, I knew nothing after 1920 when I went to study in Río Piedras.

My relationship with the minister continued even after his wife passed away. While he was retired and living alone in Corozal, I visited him more than once in my capacity as a Probation Officer for the Federal Court in San Juan. He was one of my reliable sources of information in that municipality.

An anecdote told to me by Leo Cabranes, who lived in Corozal as a child and youth and later became Mayor of that town, reveals the moral character of Reverend Howard T. Jason. Here it is:

Having appeared before the Justice of the Peace in Corozal for violating a certain municipal ordinance, the minister pleaded guilty. And when convicted, the magistrate imposed a sentence of three dollars fine or one day in jail for each dollar he failed to pay.

The magistrate and the audience expected the minister to pay the three-dollar fine then and there. They were mistaken. Reverend Jason refused to pay the fine, instead asking to be taken to the municipal jail immediately. The astonished magistrate wanted to pay the fine himself. Others present were equally willing. It was all in vain. The minister spent three days and three nights in jail. He slept on one of the cots provided for inmates and ate the food the Mayor served to the prisoners. And since inmates at that time were required to go out and clean the streets, the minister insisted on doing so alongside his fellow inmates. In this way, Reverend Jason chose to atone (and atoned) for his guilt, while at the same time giving a demonstration of his humility and sense of human equality.

TOP A postcard depicting City Hall square in Old San Juan, Puerto Rico, or *Plaza de Armas*, meaning "Armory Square," the historic main plaza where the *Alcaldía* (City Hall) building sits, serving as a central social spot surrounded by historic architecture. The card is dated 1903, three years after the territorial or colonial civil government of Puerto Rico was organized under American law (Foraker Act of 1900) and one year before Manuel Cabranes was born in the rural village of Toa Alta.

BOTTOM *La Marina* (The Wharf) of San Juan in 1901, after the United States government had been established.

4

The Road to San Juan

The carriage moves at a moderate pace, pulled by Zaino, the trotting horse my father bought in "the heights," as he calls the mountainous jurisdiction between Corozal and Barros (later renamed Orocovis). In the carriage—a light, two-wheeled buggy—my father and I are traveling, bound for Bayamón, where we should arrive by 8:00 a.m. The journey takes an hour and a half, and we have barely covered a small fraction of the trip. We are now passing by "La Virgencita," a well-known commercial establishment in the Media Luna sector.

It is still dark. However, the first rays of dawn begin to appear in front of us. The road is deserted. There is no traffic, either from vehicles or pedestrians. As we cross the dense adjacent forests, owned by the Nevares family in the Candelaria neighborhood, I confide in my father my concern that there may be "deserters" (fugitives from justice) in these areas.

"Could it be that this is where the fearsome Águila Blanca hides?"

Without waiting for his response, I continue my tirade:

According to what I've heard from the elders, the 'seditious gang' came from Candelaria, the one that visited Toa Alta one night at the end of the war between the Americans and the Spanish. Those who, terrified, observed these hooded men wielding machetes from behind their window blinds or cracks in their houses say that the gang, not content with looting Mr. Rafael Roca's grocery store, also battered his son Miguelito with the flat side of their machetes. And these misdeeds were committed with impunity. There was no force to oppose such outrages, as is remembered. Only one neighbor, Mr. Francisco Maymi, armed with a sword that he struck a couple of times against the concrete of the public square, approached the seditious men. But since no one came to his aid, Mr. Francisco had to limit himself to convincing these men to stop tormenting Miguelito and leave the town.

My father, confirming the story of the gang, assures me that we have nothing to fear. Those events could not happen again, he tells me, because there is a public force to prevent them and to track down deserters.

Soon we approach the road worker's hut in the Candelaria neighborhood, leaving behind the steep Candelaria hill. There is also a police post at the hut. As we move on, the vast grapefruit and pineapple plantations appear—new crops introduced by "the Americans"—and the Parkhurst fruit-packing plant in the Hato Tejas neighborhood. The packing plant is located at the end of Florit's Hill.

In response to my question about why this section of the road is called Florit's Hill, my father tells me:

The two-story wooden house you see on our right belonged to a prosperous merchant named Florit. He and his family lived on the upper floor of the house, while on the ground floor, he ran a general store—groceries, textiles, footwear, and hardware—which was the largest and most important establishment in this area, something similar to La Virgencita. Florit has passed away, but the store, which for many years was a landmark on the road, still exists. That is the origin of the hill's name.

Between Florit's store and the fruit-packing plant is Mrs. Porcia's house, located on a plot of land that she and her husband dedicate to growing flowers and ornamental plants for sale. My mother, an enthusiastic flower lover, has visited Mrs. Porcia with my sister Carmen Ana and me on various occasions. Mrs. Porcia charges fifty cents for each rooted cutting. But sometimes, generously, she gifts my mother a plant, not to mention serving us refreshments.

Chatting with my father about these and other topics, we cover the distance between the two road worker's huts and are now about to enter Bayamón via Toa Baja Street. To our left appears "La Quinta"—a beautiful residence that once belonged to the Tibo family—surrounded by some trees, royal palms, and a field planted with grass. As I invariably do when I pass by this mansion, I look at it with curiosity, remembering that, as my mother has told me, her brother and my uncle, Manolín Velilla, was confined there for several months. He was young and single when he contracted tuberculosis, an illness that claimed the lives of three of his siblings—Mariano, Joaquín, and Paquita—in their youth. Dr. Agustín Stahl, who was living in Bayamón at the time, persuaded my uncle Manolín to move to this city so he could be under his immediate care. And through rest, good nutrition, and who knows what other treatments, Dr. Stahl managed to save his life.

Having covered the stretch of Toa Baja Street, we cross the bridge over the Bayamón River, which runs through the city, and turn left to reach Carlos Rodríguez's stable, where the horse and buggy will stay until our return from San Juan. My father preferred Carlos Rodríguez's stable over Domingo Luina's because "they take better care of the horse" at the former. But sometimes, he was forced to leave it at Luina's stable, located at the exit to Cataño, when Carlos had no room.

Carlos Rodríguez's stable is near a large house that once housed a match factory. And years after the factory failed, the first high school in Bayamón was established there.

At a brisk pace, we walk from the stable to the train station that would take us to Cataño. We pass in front of the La Colectiva building, the cigar factory, a branch of another factory with the same name located in Puerta de Tierra. These factories operate under the name Puerto Rican-American Tobacco Company. The train terminal in Bayamón is next to the John Marshall School, and adjacent to it is the freight warehouse. The train has first and second-class cars. The locomotive that pulls it runs on coal, which produces a thick cloud of black smoke, capable of soiling the clothes of all passengers. To prevent this, the conductor ensures that both the doors and windows of the cars remain closed. There are actually two trains that run in opposite directions and cross paths along the route.

About thirty minutes later, we are in Cataño, at the end of Calle del Tren, next to the bay. There is another terminal here, smaller than the one in Bayamón, where refreshments are served.

The "Pepita," a ferryboat operated by the Línea Férrea del Oeste—which also operates the train—arrives promptly. It is a two-level vessel that transports passengers and freight cars. The steamship is named after one of the daughters of the company's president, Mr. Ramón Valdés. In the dock, you can see another similar vessel, now retired from service—the *Encarnación*, named after the other daughter of Valdés.

The aforementioned Línea Férrea del Oeste, with its train and steamship, and a large number of sailboats based in Cataño, which cross the bay, are the common and usual means of transportation between Bayamón and San Juan. Small motorboats and the opening of the San Juan-Bayamón highway would come shortly after.

On the very same dock in San Juan, my father begins his business dealings. A horse-drawn cart would take the bundles of cattle hides to Mr. Gabriel Palerm's tannery, located at the end of Calle Estado in Miramar. A handcart would carry one or two barrels of processed beef tallow to Mr. Antonio Pizá's house, located on Calle Fortaleza, across from the Los Muchachos store. Both loads were consigned the previous day to Dolores, a boatman from Cataño, originally from Toa Alta, for their transport to San Juan. I follow my father quickly to Pizá's establishment, where he hands him the corresponding check. I can still see Mr. Antonio Pizá, a stout man of medium height, climbing onto a stool in front of his desk, preparing the check he would give to my father. And then we take the tram to Miramar, where we have a walk down Calle Estado. After collecting the check that covers the cost of the hides from Mr. Gabriel, we return to San Juan by tram.

Back in San Juan, my father cashes the checks either at Casa de Ezquiaga (San José Street, corner of Fortaleza) or at the Banco Territorial y Agrícola, where he briefly converses with the manager, Mr. Manuel Paniagua, or at the Banco Colonial. The latter institution is American, managed by a continental gentleman named Herman Cochran.

It's lunchtime, and we might go to any of these restaurants: Las Baleares, located on a marginal road parallel to Paseo de la Princesa; La Cafetera on San Justo Street, or better yet, to a small Italian restaurant on Luna Street, directly behind the Town Hall. My father has a fondness for this restaurant. He is amused by the way the young waitress speaks and how she informs patrons of the menu: spaghetti alla italiana and rice with beans. We could also have lunch at my great-aunt's house, Belén Miró, widow of Tañón, on Infanta Luisa Street, but not this time. We go to the Italian restaurant, and it's needless to say that we ate sumptuously.

My father spends the afternoon buying screws and hardware, nails, and various other hardware items for my Aunt Rita's store, where he helps out when he's not engaged in his own cattle trading business or supervising the operation of his butcher shop. At Bazar Las Tres B, which is the name of my aunt's establishment, you can find everything imaginable in the hardware trade (as well as other dry goods). And any farmer looking for screws to repair his plow would waste his time—and his patience too—by shopping around Toa Alta if he didn't first stop by Mrs. Rita's. I once heard her say, sarcastically, that the sale of four screws to Mr. Pablo Lavandero's foreman had paid for an entire box.

Part of the merchandise bought by my father—the lighter and more urgently needed items—will go with us. The rest will be picked up in Bayamón in due time.

We leave early to return to Toa Alta. The sun is still out. On our way from the dock, we have refreshments at El Bosque, a kiosk in the Marina, next to the sailboat dock. Then we board one of these boats, which takes us quickly and pleasantly to Cataño. As we cross the bay, my father points out the presence of a Spanish transatlantic ship anchored there. It's the *León XIII*. We also see an American-flagged vessel entering the port, which the boatman identifies as the *Philadelphia*.

From Cataño to Bayamón, via the Valdés train, and we pick up the horse and buggy in the latter city for the final leg of our journey back to Toa Alta. My father runs his hands over the horse's back while I stroke its forehead.

At dusk, we are back home, where my mother lovingly welcomes us and serves us dinner.

Nota Bene

As a child, my visits to San Juan, accompanied by my father (sometimes with my mother and sister), were frequent. On one of these occasions, around 4:00 p.m., my father and I were crossing the Plaza de Armas when he pointed out a gentleman who, missing a leg, was walking with the aid of a crutch, moving in the opposite direction to us. It was the patriot José de Diego, who was on his way to his law office, located above the El Nativo refreshment shop, next to the Town Hall. I assume the great man had just left the Ateneo Puertorriqueño, an institution that then occupied the second floor of a building facing the Plaza de Armas, directly opposite his office. Mr. José de Diego was, at the time, President of the Ateneo. My father, a staunch follower of Dr. Barbosa and his ideal of Statehood,[19] looked at de Diego with deep respect, moved by the physical condition of this champion of independence, and said to me: "He is a great idealist."

---

19. In 1980, Manuel Cabranes published an article in *El Nuevo Día* about Dr. Barbosa's visit to Toa Alta and the speech he gave: *See* Appendix A28. —*Ed.*

The *Escuela Rafael Maria de Labra* (The Rafael Maria de Labra Public School) in Santurce, P.R., a large and prominent junior high school where at the age of 23 Manuel Cabranes became one of the island's youngest principals.

5

In Pursuit of New Horizons

The landscape of the road from Toa Alta to Bayamón—which I have seen so many times—appears more beautiful than ever today as I travel by public car, accompanied by other passengers. Behind us are the floodplains along both banks of the Plata or Toa River, with their dairy cattle ranches and adjacent stables, and the slightly more distant sugarcane plantations. The car now moves through the dense forests that separate the flatlands of Río Nuevo and Media Luna from the higher lands of Candelaria and Hato Tejas, where there were once extensive pineapple and citrus plantations. There are vast green spaces along the route that begins in San Juan and runs along the coast, heading northwest.

I leave my town of Toa Alta after five years, during which I worked as a teacher, first in the barrios of Quebrada Arenas and Contorno, and then, for four years, at the José Pablo Morales School (urban). It was at this school that I completed the eighth grade, earning the top honor of the class.

I am headed to San Juan to serve as the Director of the Rafael María de Labra School, a middle school that includes the sixth, seventh, and eighth grades.[20] My tenure as such will last for three consecutive years.

Memories of past experiences surface in my mind like a film reel, mingling with the excitement of my present reality. Could I ever forget that morning in 1910—before dawn broke—when I stood beside my father and witnessed the dazzling spectacle of Halley's Comet? Or that it was at the home of Mr. Virgilio Morales-Cabrera, packed with people, where in 1923 I listened to the radio broadcast of the heavyweight boxing championship match between Jack Dempsey, known as "the Manassa Mauler," and his challenger, Luis Ángel Firpo, "the Wild Bull of the Pampas"? Mr. Virgilio deserves credit for introducing the first radio receiver in Toa Alta. I still remember his kindness that night as he passed the headphones from the simple receiver to his guests so we could hear the fight between those two giants of the ring.

Nor could I forget, as I leave the beloved little town, such popular characters as Mariano Hernández Nieves ("Don María"), whose humor many comedians would envy; José Padilla, who from "La Azotea," where he lived, would blow the conch shell to warn the neighbors of the river's rising; and Leona, the kind old lady, an occasional drunkard, who would shout at the top of her lungs when the town hall clock struck noon: "Twelve o'clock in Toa Alta!"

---

20. *See* page 40, *ante*. —*Ed.*

Interspersed with these and other images is the anxiety that comes with the anticipation of new and greater responsibilities to be assumed. There is also the hope for broader horizons in life as I settle in San Juan, the seat of government and intellectual life in my country.

This first significant step on the path of my progress is due to several factors, including my dedication to school and study and my desire for self-improvement. But it would never have been possible without the interest and support of Conchita Pla de Alfaro, First Assistant to the Superintendent of Schools in San Juan, the notable educator Mr. Manuel G. Nin. It was she who introduced me to him and to Dr. José Gómez Brioso, the Director of Schools for the Capital, and they both made my appointment possible. Conchita had known me through her close relatives—Mercedita Alfaro and her husband, Leopoldo Díaz.

My tenure as the director of the Labra School was very fruitful. It gave me the opportunity to share the school tasks with excellent teachers, which almost all of the faculty were. It encouraged and facilitated my desire to continue my university studies in Río Piedras (and later in the United States). And even more: it helped me grow socially by exposing me to interactions with hundreds of my students' parents; school officials and those from other branches of government; and politicians and intellectuals.

A most unfortunate event occurred just a few days after I started my new position. This was the San Felipe hurricane, which struck Puerto Rico on September 13, 1928, causing enormous damage to agriculture and destroying thousands of homes and other structures. On the morning of that disastrous day, I went to the school, where the janitors' supervisor, former public instruction teacher Mr. Antonio de Oliva, was waiting for me. Together we toured the classrooms and other facilities, trying to securely close the windows. Unfortunately, we found many broken locks and had to leave them as they were. Many of the windows were broken the next day and remained that way for several months. The Municipality had no funds to repair them. Countless other school buildings suffered severe damage or were destroyed throughout the Island.

My return home to Río Piedras was difficult and dangerous, as I was a passenger on what seemed to me to be the last bus that dared to make the journey.

I remembered minor hurricanes, but after experiencing San Felipe, I sincerely hope never to encounter another.

TOP The ship's manifest recording Manuel Cabranes's 1931 voyage to the continental United States to study the new academic discipline of Social Work on scholarship.

BOTTOM The U.S.A.T. *Chateau Thierry*, the U.S. Army transport vessel on which Manuel Cabranes travelled.

6

How I Arrived in New York

The journey would have been simply pleasant if not for the discomfort occasionally caused by the ship's rolling. I had never traveled aboard a ship before. On this occasion, I was a passenger on the U.S. Army transport vessel *Chateau Thierry*, which I boarded in San Juan. The *Chateau Thierry* and other similar units of the U.S. Army and Navy frequently traveled between U.S. ports and the Panama Canal Zone, with stops in San Juan.

After various efforts, I had finally secured the long-awaited opportunity to travel to the United States to continue my studies and experience that great country. I owed the privilege of traveling on the *Chateau Thierry* to the Acting Governor of Puerto Rico, James R. Beverley, who kindly arranged for me to travel, paying only the modest cost of my meals. A few days earlier, Beverley had received me in his office at La Fortaleza and had graciously given me a handwritten letter addressed to the Commander-in-Chief of the Army, stationed at Ballajá

Barracks, requesting that he provide me with transportation on the next military transport bound for New York. The same day I delivered the letter to his office, I received the required vaccinations to make the trip.

The Commander-in-Chief's Office was to receive notice from the Canal Zone about the date the ship would arrive in San Juan and the number of available passenger slots for this port. However, a sergeant stationed there, a fellow lodge member and friend of mine, suggested I have my luggage ready and wait for the notice of the transport's arrival because "you will be on that trip, even if you have to sleep on a cot." This turned out not to be necessary. I was assigned to a cabin already shared by two West Point cadets. They welcomed me warmly and were very considerate throughout the journey. It's worth noting that in talking with them, I realized that the English I knew was "classroom English" and that my pronunciation was quite poor.

During the day, I would gather on deck with a group of Puerto Ricans who had boarded in San Juan and were headed to various destinations in the United States, as well as with some Americans. The group of my compatriots included Attorney Ricardo Gómez, Prosecutor of the Supreme Court, and his wife Rafaela (Fefa) Franceschi; a Colonel Antongiorgi, stationed in San Antonio, Texas; his wife and sister-in-law, the latter with the surname Sandoz; and Mrs. Patria Martínez de Córdova Dávila, wife of the Resident Commissioner in Washington. Approaching this group and standing next to Colonel Antongiorgi's sister-in-law was like visiting the Wailing Wall, as she never stopped complaining about seasickness.

6. HOW I ARRIVED IN NEW YORK

Invited in advance by Mr. Ricardo and his wife, when after three and a half days of sailing we disembarked at Brooklyn Navy Yard, I traveled with them in the taxi that took them to the Ibáñez Garmendía Residence on Cathedral Parkway (West 110th Street) in Manhattan. I would pay the fare from there onward, up to West 145th Street (between Broadway and Amsterdam), where I was headed. In this way, I saved several dollars from my limited resources. But Mr. Ricardo's kindness toward me did not stop there. He asked me to call him in the coming days to arrange a meeting and have lunch together before his return to Puerto Rico. I did so, and again had the pleasure of greeting and conversing with the Gómez-Franceschi couple.

During the journey from Brooklyn Navy Yard to the area I later knew as "Manhattan's Upper West Side," I was fascinated by the monumental grandeur of New York. The skyscrapers and the orderly traffic, controlled by a system of traffic lights, particularly caught my attention, as did the display and variety of fruits in the stores.

In those days, during the summer of 1931, a memorable event took place in New York. I refer to the inauguration of the George Washington Bridge over the Hudson River, connecting the states of New York and New Jersey. The new bridge was visible and at a short distance from the home of my relative Manolo Tañón-Miró, where I was staying, which made it easy for me to attend the inauguration. I still remember that clear, hot morning and how strange I felt among the crowd, being the only spectator wearing a white suit and a Panama hat.

My final destination was not New York. I would only remain there for a month before moving to Indianapolis, Indiana. In that city, I would study and stay at Indiana Central College in exchange for my services in its Department of Romance Languages. This arrangement was the result of efforts made on my behalf by a graduate of that institution, Dr. Antonio Rodríguez, then Director of the Practice School at the University of Puerto Rico.

Dr. Good, the President of Indiana Central College, was in contact with me by correspondence. The date had been set for my arrival in Indianapolis, where Dr. Good would meet me at the train station.

However, the day before my departure for New York, Attorney General Beverley urgently called me to his office to ask me to stop in that city to see Miss Rose McHugh and Miss Jane Hoey, the latter being the Director of the Welfare Council of New York City. McHugh had visited Puerto Rico a few months earlier at the request of then-Governor Theodore Roosevelt. She came to study the situation of juvenile delinquents. As part of that effort, she interviewed five young educators at the Department of Justice, referred by the Department of Instruction, to whom she explained her goal of securing a fellowship to study Social Work, with a focus on juvenile delinquency and probation. My name was included among the candidates for that fellowship—partly, perhaps—because I was a member of a committee organized in the Department of Justice, at the initiative of Attorney General Beverley, to consider how to address the growing problem of juvenile delinquency. I was selected to receive the fellowship.

6. HOW I ARRIVED IN NEW YORK

Honoring Beverley's request, I presented myself by appointment at the Welfare Council, where I met with Misses McHugh and Hoey. I expressed to them—as I had done with Beverley—my commitment to Indiana Central College, where I was expected at the beginning of September. Nevertheless, they persuaded me that I would be more useful to my country by accepting the two-year fellowship offered by the School of Social Service at Fordham. They promised to explore the possibility of placing me in a juvenile delinquent institution or a community center, where I would have full room and board. They also offered to help me find part-time work to pay for my lodging and have some extra money for my other personal expenses.

Apparently, these plans were made in collaboration with the Director of Catholic Charities, Reverend Thomas Brennock, as he took it upon himself to draft and send, on my behalf, two telegrams to Dr. Good at Indiana Central College. The first of these informed him that unforeseen circumstances were delaying me in New York, and the second, four or five days later, notified him of my inability to join his institution. What a painful dilemma I had to face, and even more painful was leaving my commitment to Dr. Good unfulfilled!

Once settled at Union Settlement—East 104th Street, between Second and Third Avenues—in Manhattan, a community center skillfully directed by Miss Helen Harris, I began attending the School of Social Service. Shortly afterward, I started working as a part-time Social Investigator at the first agency created by the City of New York to assist the unemployed and other victims of the Great Depression. Father Brennock—mentioned earlier—my professor of Casework, informed me that I should see a certain executive, named Hudson, at the Emergency Relief Bureau, who would issue my appointment as such an investigator, with a salary of eighteen dollars a week. I was assigned to the office that would open on East 118th Street, at the corner of Lexington Avenue—precisely in the location previously occupied by a branch of the recently failed Bank of the United States.

I only saw and spoke with Rose McHugh, who was a sociology professor at Fordham, a few times during the two years I attended the School of Social Service, and always at that institution. She planned and was primarily responsible for my training in the field of Social Work, with a focus on the prevention and treatment of juvenile delinquency. She deserves credit for my fruitful experiences at Union Settlement; at the Youth Home and Children's Court in Syracuse during the summer of 1932; and finally at the Probation Department of the Court of General Sessions in New York.

I had no further direct contact with Jane Hoey after my interview with her in the summer of 1931. I knew of her and received her regards through Isabel Nash, a lovely and kind young woman from Lincoln, Nebraska, who also lived at Union Settlement. Isabel was then the girlfriend of Jane Hoey's brother, a lawyer and prominent figure in Tammany Hall. When the Social Security Administration was created during Franklin Roosevelt's first presidential term, Jane Hoey took a high-ranking position in that agency.

Jane Hoey was a redhead with a pleasant personality and great determination. Besides her undeniable professional merits, she was connected to the power centers of the Archdiocese of New York and the Democratic Party.

While residing and working at the Union Settlement House in East Harlem (lower left), established by the Union Theological Seminary and serving a largely Italian community, Manuel Cabranes attended the inauguration of Franklin D. Roosevelt in 1933 as the guest of Puerto Rico's Resident Commissioner, Santiago Iglesias-Pantín, the founder and leader of the island's labor movement.

7

How I Spent Two Years as a Student in New York

My experiences during the two years I spent in New York, including the summer of 1932 in the city of Syracuse—taken together—strengthened my admiration for the nation of which I was (and still am) a citizen, fueled my hope, and gave me a greater sense of security. Upon my return to Puerto Rico (aboard a cargo ship, as air travel between New York and San Juan was not yet available), I felt like a different person: more practical, less inhibited, more capable of taking care of myself, and freer.

An event, though irrelevant, that I must not overlook because I remember it with great emotion, occurred one morning in September 1931 when I saw snow falling for the first time. While having breakfast at Union Settlement, a companion loudly noted that it was snowing, pointing to the courtyard so that others in the dining room could see. I immediately jumped to my feet and ran to the spot she had indicated, to touch the snow with my hands and feel it on my face. What a joyful sensation I experienced! The young woman who had pointed out the snowfall and other companions laughed in astonishment at the comical spectacle I put on. And how the other residents of the house later celebrated that episode! They seemed unable to comprehend that seeing snow for the first time was, for me, an event of great significance.

Union Settlement was a community center located at 237 East 104th Street in Manhattan, established by the reputable Union Theological Seminary to provide services and guidance to residents of that area, regardless of age. Most of these residents were of Italian origin. The staff and residents of the house were almost all professionals or university students. Among the diverse services the center offered were nutrition and nursing, provided by the Henry Street Nurses organization. That part of the city has been predominantly Puerto Rican for many years now.

One of the first and most useful lessons I learned at Union Settlement was how to wash my clothes. George ("Red") Shaunessy, the Assistant Director of Recreation, had noticed me taking my clothes to a nearby laundromat and decided to correct this costly practice in times of depression. He came to see me and explained that he and the other companions washed their own clothes. Why couldn't I do the same? It was a simple exercise, he said, and continued: "Leave your clothes in the bathtub, in hot water, before going to bed, and early in the morning, proceed to wash them."

Accustomed to having my suits picked up and returned by the laundromat, I also learned at that time that if I didn't do this myself, the suits wouldn't be cleaned or pressed. And I learned something else: to wear the suit that needed to be pressed so it could be done on my way to school or work. For twenty-five cents, a neighboring tailor, a Polish Jew who became a good friend of mine, would press the suit while I waited in a private room of his establishment. This type of service was known as "Pressing While-U-Wait."

When, after two years, I was preparing to return to Puerto Rico, Mr. Eisbert, as the tailor was called, wanted to treat me to a meal at his home. I still regret that I couldn't accept it. Both he and his son, a student who occasionally helped him in the shop, did not take kindly to my excuses. The father, with his eyes moist with tears and fixed on me, said: "Don't think, Manuel, that just because you see me in these work clothes, I don't live well. I have a good house in Rockaway, where my family and I would welcome you with pleasure."

And how was I to quickly obtain money to get to school or work and pay for lunches? Certainly, all that mattered very little. The fare on the subway or elevated train was only a nickel, and lunch cost about fifteen or twenty cents, sometimes less. My inevitable lender was the pawnshop, where I would deposit one of my suits and receive $5.00, to repay $5.50 a few days later.

Sometimes, in the company of Joe Kelleher and/or John Fitzsimmons, classmates of mine, I would go for lunch at a tavern called "Busy Bee," located under the elevated terminal next to City Hall, or at a cafeteria called "Self-Service." One of the attractions of the tavern was the display of trays filled with sweet pickles and other small treats, which could be served at will, at no additional cost. However, the presence of so many suspicious characters who frequented "Busy Bee" led us to stop going there.

In the metropolis, I found an old friend, Guillermo A. Silva, a schoolmate from high school in Río Piedras. He was working at the "Castellanos-Molina" record store on Fifth Avenue (Harlem) while studying law. Guillermo later became a prominent lawyer and patron of culture in San Juan. He introduced me to Puerto Rican political and social circles. That's how I met Mr. Frank Antonsanti and attended meetings at his elegant Riverside Drive residence, and Mr. José Alonso. Antonsanti and Alonso, rivals with each other, were our most prominent Democratic leaders.

Invited by Guillermo, I met the notable writer Isabel Cuchí-Coll at an event she directed, celebrating the Discovery of Puerto Rico.

Around that time, I also met Dr. José Negrón-Cesteros, who then operated his own clinic on Seventh Avenue (Harlem). I went to see him regarding a certain case in the General Sessions Court. Years later, Cesteros and I would become close friends, confidants, and collaborators. As a tribute to my respect and admiration for him, I dedicated an "In Memoriam" to him when he passed away.

In my role as a social investigator at the Emergency Relief Bureau, I had the satisfaction of helping hundreds of unemployed fellow countrymen who were suffering immensely during the Great Depression. The lack of bread and shelter, along with sudden evictions, were the order of the day. A scene deeply engraved in my memory, with profound sorrow, is that of a poor middle-aged African-American woman who, at dusk, half-crazed, was watching her belongings being placed on the sidewalk by the sheriffs.

Never before had I participated (or attended) so many social and/or cultural activities as during the years I lived as a student. Weekends, from Saturday noon to a good part of Sunday, were reserved for theater and other amusements. Occasionally, I would attend a Saturday night event sponsored by the Tropicales Club, which I had organized at the community center where I lived, whether it was a play, dance, or lecture. These events were very enjoyable and conducted with decorum, often with the presence of Father Nicolás Báguena, parish priest of the Church of the Holy Agony, or one of his assistants. The young men and women who made up this group would bring their parents and other family members and friends to events of general interest, to which admission was always free.

My favorite theater was Radio City, although I more frequently attended the Teatro Hispano on Fifth Avenue and 110th Street, and a cinema on 72nd Street and Lexington Avenue. Fernandito and Mapy Cortés were performing at the Teatro Hispano at that time. They later moved to Mexico, where they became famous screen actors, a source of pride for Puerto Rico.

One Saturday night, I attended a dance at the home of the Benítez-Rovira family, invited by their daughters Susana and another younger girl whose name I have forgotten, both of whom were my contemporaries. The Benítez-Rovira couple—Mr. Rafael Benítez and Mrs. Marina—were the parents of my former student, Rafael, who years later became the Commander of the aircraft carrier *Lake Champlain* of the United States Navy during the Korean War. Rafael's mother was the Director of the Baldorioty de Castro School in San Juan. She moved to New York to supervise the education of her children. Mr. Rafael had been an effective collaborator of mine during my tenure as Director of the Labra School in Santurce, which Rafael attended.

Years later, when I was a Consultant for the Department of Welfare (now Social Services) in New York City, the aircraft carrier *Lake Champlain*, commanded by Rafael Benítez, came to the city. He was welcomed on behalf of the Mayor by Mr. James J. O'Brien from the Protocol Office. After exchanging the customary greetings—Mr. O'Brien informed me excitedly that very same day—Rafael asked him if he knew Manuel Cabranes. When O'Brien responded affirmatively, Rafael earnestly requested that he convey his desire to see me. The next day, my wife and I went to the *Lake Champlain* to greet its Commander, my former student, Rafael Benítez. After retiring from the Navy, Rafael resided in Miami. His relationship with my son, José Alberto, who is a friend of his, remains very cordial.

In November 1932, elections were held for the President of the United States and other offices, and I participated in them. Franklin D. Roosevelt, then Governor of New York, was elected President, defeating the incumbent, Herbert C. Hoover. On that same occasion, Fiorello LaGuardia lost his congressional seat. He was defeated by his Democratic opponent, James Lanzetta, also of Italian descent, supported by a strong nucleus of Puerto Ricans from Harlem.

The day after the election, the *New York Daily News* published a mean-spirited editorial blaming Puerto Ricans for LaGuardia's defeat. It alleged that Puerto Ricans had traded their votes. I felt triply mortified. I had voted for Hoover and LaGuardia, and the insolence of the *New York Daily News* towards my countrymen added to my bitterness.

The following March, I traveled from New York to Washington with Dr. Bocanegra, the brother-in-law of the newly elected Resident Commissioner of Puerto Rico in the United States, Don Santiago Iglesias-Pantín; Dr. José Negrón-Cesteros; and José Vivaldi, Administrator of the Puerto Rico Employment Office in New York, to attend the inauguration of President Roosevelt as guests of Don Santiago.

At dawn on the day of the inauguration, we arrived at the Iglesias family residence, a modest one-story house, newly built, in the District of Columbia, gracefully situated on a gentle hill, like the others nearby, with a lawn of grass. Don Santiago, in a bathrobe, welcomed us and invited us inside, leading us to the dining room. He immediately began preparing breakfast for us. After doing so, he sat down with us at the table and chatted amiably for about an hour. One of the topics of conversation was the challenge to his election as Resident Commissioner made by the journalist Rafael Torres-Mazzorana, who was then living in New York, and the hearing that had been scheduled to address this challenge.

Far from being upset or worried about Torres-Mazzorana's action—a militant *independentista*—Don Santiago seemed both astonished and amused, confident that such a challenge would not succeed.

After saying our goodbyes to Don Santiago Iglesias-Pantín, we headed to the Capitol to secure a spot as close as possible to the platform where the President would be sworn in. When we arrived, the crowd was already starting to gather in that area. Sometime later, before the ceremony, I looked back and around, finding myself surrounded by thousands of people struggling to stay on their feet. At that moment, a great anxiety took hold of me. I feared being strangled or suffocated. As quickly as I could, I informed Vivaldi and Cesteros that they would find me at a certain time in the restaurant at the train station. And with great effort, I extricated myself from that massive crowd, to watch the parade, which had already begun, from a more comfortable spot. The New York delegation, led by former Governor Alfred E. Smith—the same man who had fought tooth and nail at the Chicago convention to prevent FDR's nomination—passed right in front of me.

In those difficult times of depression and prohibition, Puerto Rican friends, longtime residents of the city, managed to have fun for little money. Walking with one or more of them on a Saturday night was like accompanying Alice in Wonderland. Here, the "Speakeasy" where those who wanted to drink would buy gin or rum; over there, the Hispanic family that, to help themselves, offered a dance and dinner in their home, and finally—if there was still energy and room in the stomach—a visit to Father Divine's heaven in Harlem. This colorful character had his base in Philadelphia, where he lived surrounded by adulation and pretty girls. On one occasion, my friends took me to a large basement in Harlem where, according to them, Father Divine would preach around midnight and then serve a buffet, a gift from him to his followers and other attendees. This time, however, the event was canceled, apparently due to Father Divine's indisposition, so I did not get to meet him in person. And I never again thought of sticking my nose into that place.

As part of his social work training, Manuel Cabranes served in the probation department of the Children's Court of Syracuse, NY, under Judge Leo J. Yehle.

8

In Syracuse

My stay in Syracuse, where I was assigned to practice in the Probation Department of its Children's Court, was highly rewarding, both professionally and socially. This was primarily due to the interest and sympathy that Judge Leo J. Yehle showed towards me, an attitude that was reflected in his closest collaborators.[21] Among them were Richard D. Greene, a professional social worker who was the Probation Officer, and the Judge's personal secretary, an intelligent and lovely young woman of German descent.

At the Juvenile Detention Home, where I was placed, I had the opportunity to learn about the institution's operations and to make friends with two students who served as caretakers and recreation directors. In this home, talent was represented by these students and, to a lesser extent, by the caretaker of one or more detained girls. The Director, as I observed, was a sensible and good man with little formal education.

---

21. *See* Appendix A6, A20. —*Ed.*

Judge Yehle gave me the opportunity to visit various institutions for juvenile delinquents in the state of New York. I did this in the company of the Executive Officer of a private agency that supervised minors under the Court's jurisdiction. On the other hand, through the Judge's secretary and one of the students, I met several young women who provided me with very pleasant moments.

In the Syracuse area and surrounding communities, I observed a simpler and more peaceful way of life; one of better coexistence, more comfort, and more typically American than in the big city. Certainly, the latter is the world's largest cultural and economic center, but prejudices and racial tensions mar human relationships.

I was absorbed in these and other reflections on the deck of the ferryboat during the nighttime crossing from Albany to New York City when another passenger approached me. He turned out to be a former German Army Captain, a veteran of the First World War. Listening to his accounts of his experiences in the theaters of war—in France, Italy, and the Balkans—made the hours pass quickly until the boat docked in Manhattan at around six in the morning.

In the port area of (what is now referred to as) Old San Juan, the Custom House shown here and the Federal Courthouse were the symbols of U.S. government in the territory.

9

Thorns Along the Path

Shortly after my return to Puerto Rico in the summer of 1933, Rose McHugh sent a comprehensive and detailed report of the training I had received under her supervision to the Governor or the Attorney General (neither Theodore Roosevelt Jr. nor James R. Beverley held these positions any longer). The final paragraph of the report was an evaluation of my character, based on reports from the School and the agencies where I had done my practice. The evaluation was objective and certainly not unfavorable. According to it, I always wanted to make a good impression, and the people with whom I came into contact accepted and appreciated me ("like me much"). However, "probably due to my loyalty to Puerto Rico and its people"—she noted—"I occasionally acted to the detriment of those relationships." McHugh sent me a copy of her report, the original of which I also read at the Executive Secretariat, now the Department of State.

Undoubtedly, the negative aspect of McHugh's evaluation stems from two or more unpleasant incidents in which I was involved. One of these involved a City nurse who was in charge of the Hygiene class. Week after week, this good woman repeatedly referred to the presence of Puerto Ricans in New York, their way of life, personal hygiene, diet, and general living conditions.

Annoyed by the fact that this nurse never referred to any other ethnic group and by the curious glances of my classmates, I stood up on one occasion and told the teacher that I resented her continual references to Puerto Ricans. I then asked her if she had no other topic to discuss or other examples to offer besides Puerto Ricans. I also pointed out that the existence of hospitals, parks, and museums in New York was partly due to funds from Puerto Rico.

That lady did not respond to my words, but she was visibly upset, as I could see from the contortions of her face. Her gestures shortly afterward, when she went to the Registrar's office to complain about my attitude, confirmed this.

A brief incident occurred on another occasion in the Criminology class. Professor William Harper (Director of the Probation Department in Westchester County), a competent and circumspect individual whom I respected, was discussing the crime situation in Hawaii. According to the information and/or statistics he cited, Puerto Ricans were the ethnic group with the highest criminal incidence on those islands. I intervened to point out that it was incredible to me that a comparatively minuscule group like the Puerto Ricans in Hawaii could generate so much criminality. Harper did not comment on my intervention, nor did he seem bothered by it.

And more humorous than serious was an episode that took place during lunch on a Sunday at Union Settlement. At the head of the table sat the beloved and respectable director of the institution, Helen Harris, presiding over a group of about thirty diners. Seated across from me was a colleague from Minneapolis, whom I will call Harry Potter for the purposes of this passage.

Of poor physical appearance, insecure, and slovenly dressed, Harry harbored a deep disdain for Mexican laborers, whom he claimed to have encountered in the Midwest. He often shared anecdotes and made jokes about the "greasy Mexicans," as he called them.

This time, he was playing the clown among those seated near him with one of his Mexican-themed jokes. After he finished, Harry realized that I had not found it amusing, which prompted him to ask me, with obvious cynicism, what I had to say, if anything. I replied in Spanish:

"You forgot to mention that the United States stole Texas and the Southwest from those 'greasy Mexicans.'"

"Hey, everyone, listen to what Manuel just said to me in Spanish so you wouldn't understand!" And immediately, he translated my words into English.

If there were any comments, I didn't hear them. But if I ever saw angry looks directed at me at that table, it was when the mischievous Harry stopped talking and started eating from his plate.

My return to Puerto Rico coincided with a climate of political agitation and intolerance. The campaign of nationalist leader Pedro Albizu Campos had gained significant momentum and concerned the regime. In these circumstances, I chose not to use Rose McHugh's report, to avoid being perceived as a sympathizer of Albizu Campos. I was not, nor had I ever been, a nationalist.[22]

---

22. In 1950, when he was director of the Employment and Migration Office of the Government of Puerto Rico in New York, a nationalist group attempted to assassinate Cabranes by throwing two bombs into his office that did not explode. For journalistic coverage of this attack, see Appendix A20–21. —Ed.

Puerto Rican migrants arrive at Newark Airport in 1947.

10

First Steps in New York

The song "La Borinqueñita," a sublime musical composition by Noel Estrada, was all the rage. I would hear it play intermittently at the eatery located on Westchester Avenue, at the corner of 156th Street. It was the summer of 1946. I often had breakfast at that modest establishment, run and frequented by fellow countrymen. On weekends, I would do so in the company of my son, Manuel, who was eleven years old at the time.

Manuel was enrolled at Windwood School, a small private institution on Long Island, where I had left him on a trial basis just six weeks earlier. A grave mistake on my part that I have regretted over the years. Although I did it to fulfill his repeatedly expressed desire to be placed in a boarding school in the United States, I should have anticipated the trauma he would experience from being separated from his parents.

After Manuel was admitted to the aforementioned school, I returned to Puerto Rico to finalize the arrangements for my permanent relocation to the South Bronx, where I was to assume the directorship of Melrose House, a community center located in a predominantly Puerto Rican neighborhood. Manuel's letters pleading for me to take him out of that place soon followed. His pleas became increasingly heart-wrenching. Naturally, he could not adjust to life at that institution.

I returned to the Bronx with deliberate haste and immediately got in touch with the director of Windwood and, of course, with Manuel. From then on, he would come to New York to be with me every Friday afternoon and return to Long Island on Sunday afternoon. But this arrangement would last, at most, three weeks. Manuel insisted on being by my side, and his desire was fully reciprocated. I managed to get him admitted to the sixth grade at St. Anselm's (parochial) School, adjacent to the community center. The little English he had acquired, first at Perpetuo Socorro School in Miramar and later at Windwood, facilitated his admission to St. Anselm's. However, what did require effort was recovering even a portion of the money deposited at Windwood to cover the boarding fees for the first semester. That experience was akin to having a tooth extracted without anesthesia.

My wife, Carmen, and my second son, José Alberto, who was five years old, were soon to arrive from Puerto Rico, and the family would be reunited. In the meantime, Manuel and I shared a room on the second floor of the community center, which was part of the space being prepared for the family. I delighted in walking and conversing with him; I shared in his joy, and his affectionate gestures touched my heart when, already in bed, we were about to sleep.

10. FIRST STEPS IN NEW YORK

When the family was finally reunited, we spent Saturdays, Sundays, and holidays exploring New York and its surroundings, using the electric streetcar and buses. One of those streetcars covered the Bronx-Brooklyn route. On one of our outings, we arrived by bus at White Plains Plaza, where we got off. As we admired the beautiful surroundings, José Alberto remarked to his mother and me how much he would like to live in that place. His mother and I exchanged saddened looks without making any comments. Certainly, we were in no position to move from where we were: a humble apartment, sparsely furnished, located in a low-income migrant neighborhood. We had left behind well-paying jobs and our comfortable two-unit residence in a professional and white-collar neighborhood in Puerto Rico. Now, we faced an unpredictable future.

José Alberto, who had begun first grade at Perpetuo Socorro School in Miramar, had to be admitted to St. Anselm's School. He was not immediately accepted at the public school. Miss Alice Kasper, the principal of the public elementary school closest to Melrose House and Secretary of the Board of Directors of this center, greeted him with evident warmth when his mother and I took him to enroll there. She sat him on her lap and showered him with expressions of affection as she assessed his general knowledge and English proficiency. Finally, she told us that if it weren't for his lack of English, she would assign him to the third grade.

Following Miss Kasper's advice to give José Alberto the opportunity to first acquire a foundation in English, we took him to the daycare (Day Care Center for Children of Working Mothers) at Melrose House so he could participate in the games and other activities offered there for children his age. It quickly became apparent that he was learning English rapidly. However, one detail of his learning process concerned us, as I will now explain.

Around that time, we were visited by my brother-in-law James Lawrence Tait, a Maryland native and resident of Puerto Rico. During a conversation with Manuel and José Alberto, he noticed that the latter was beginning to speak English with a Southern accent. This was understandable, given that no less than half of the daycare's enrollment consisted of African American children whose parents were from the southern United States. Nonetheless, the accent that Uncle Tait had noticed soon disappeared as José Alberto interacted with his classmates at St. Anselm's, most of whom were of Irish-American descent.

During our stay at Melrose House, José Alberto had two or more bouts of tonsillitis, which kept him bedridden with a high fever for several days. The consulted doctors recommended the removal of his tonsils, which was done by an expert surgeon at a hospital in the Bronx.

Seven months later, despite the severe housing shortage at the time, we managed to move to an apartment on Eagle Avenue, near St. Peter's Church. This was made possible through the effective intervention of a friend, Lola Woodlyn, with the landlord and my payment of a sum of money to the tenant who vacated the apartment and sold me the furniture.

In that apartment, which was more spacious than the one we had occupied at Melrose House and furnished, we lived quite comfortably. During our stay there, two notable events occurred.

One, a most pleasant memory, was the visit from our children's paternal and maternal grandmothers—Ana Velilla de Cabranes and Ignacia Rosa de López—may the Lord have them in His holy glory. The other was the great blizzard of 1947, a marvelous spectacle that our children enjoyed even more than we did.

Melrose House as it appeared in 1946–47, when Manuel Cabranes was recruited in Puerto Rico by the National Council of Jewish Women to return to New York and assume directorship of the settlement house (which had served poverty-stricken Jews) in behalf of the Puerto Ricans newly-arriving to the South Bronx.

11

Melrose House

Melrose House—known as "Casa Melrose" following the arrival of its new Director—was brought back to life within the community. This time, it emerged as an independent entity with its own style and objectives, just as planned by its Board of Directors, with the professional guidance of Stanley (Steve) Brody, Executive Director of the Bronx Welfare Council. Until then, Melrose House had been an appendage of Juvenile House, a significant and well-funded Jewish community center in the southern part of the same county.

Except for its daycare, operated by responsible employees but lacking proper training and professional direction, Melrose House had remained closed to the public for several months. This house comprised two adjoining buildings—one entirely occupied by the daycare and the other a two-story structure, with the upper floor now designated as temporary residence for the Director and his family. Both structures were relatively small and in a state of disrepair.

Juvenile House established this branch to serve the interests of Puerto Ricans and citizens from the southern states, newly arrived in the area, much like the former group. However, confronted with the rapid growth of these two minority groups and the simultaneous exodus of the Jewish population, Juvenile House was preparing to relocate to another part of the city where its services would benefit the ethnic group that supported it.

According to one of the many observations Steve made to me, there was some resentment at Juvenile House regarding the presence of Puerto Ricans on its premises, which suggested that Melrose House should provide recreational and other services to them, without excluding other residents, of course. In the area, there already existed another center, Forest House, which provided services to African American families and youth. As for me, I was pleased and encouraged to welcome my fellow countrymen to Melrose House with open arms.

Juvenile House would take approximately a year and a half to leave the South Bronx. Its departure was a significant loss for that community, which was rapidly changing in character and lifestyle. During that brief interregnum, my relations with the departing director (I regret not recalling his name) were always marked by mutual respect and consideration. My relations with my counterpart at Forest House, George Gregory, were much longer-lasting, extending throughout our stays in the Bronx and beyond.

The community in general welcomed my presence with warmth and numerous expressions of solidarity and hope. This was particularly true in the cases of the Superintendent of Schools, Dr. Frank Whalen; the principals of the local schools; Father Damian Baker, pastor of St. Anselm's Church, and his associates; Reverend

Agustín Alvira, pastor of the neighboring Methodist Church and a steadfast friend of mine; and the ministers of other Protestant sects. I was frequently the guest of honor at graduations and other school activities, as well as at civic and religious events. The small business owners (commonly called "bodegueros"), the owners of candy stores, along with Puerto Rican businessmen and pharmacists, soon identified with me and often used Melrose House to hold meetings for which they required my participation. At the same time, the *Bronx Home News*, the county's daily newspaper, in a series of articles written by its editor, Henriette de Sieyes, highlighted the work of Melrose House and its director in support of the newly arrived Puerto Ricans.[23]

The program at Melrose House was geared towards serving the interests of families, particularly those with limited economic resources and little or no formal education, transplanted from the tropics.

We began by formalizing an agreement with the Department of Welfare (now the Department of Social Services), whereby that agency would provide the budget to operate the daycare ("Day Care Center for Children of Working Mothers"), make the necessary repairs to the structure, and provide the required equipment.

Simultaneously, a Boy Scout troop and a Camp Fire Girls troop were attracted to once again use the house's facilities. Additionally, a Cub Scout troop was organized with the cooperation of some neighborhood mothers.

A series of health-related conferences was held with relative success, featuring Spanish-speaking doctors and utilizing

---

23. *See* Appendix A22. —*Ed.*

the facilities of the local public schools. I say "relative success" because, unfortunately, several of the doctors who had agreed to participate left the audience and me waiting for their presence.

As an extension of the night English classes for adults offered at various public schools in the area, similar classes were organized and conducted at Melrose House twice a week, taught by a teacher provided by the Board of Education.

Male teenagers were given the opportunity to participate in sports and cultural clubs, which were organized with the help of students from City College of New York (CCNY). Assigned to Melrose House by the Sociology Department of that institution, the students offered their services free of charge in exchange for academic credit from CCNY. For purely sports-related activities, the gymnasium of a nearby public school was used. This service was made possible thanks to the interest in helping Melrose House shown by the then Director of the Sociology Department at CCNY, the notable Southern educator, Dr. Brown.

Every Friday night, a teenage dance was held in the daycare's hall, where about two hundred young people would gather. My wife, Carmen, a public-school teacher, and I personally supervised this activity.

Through Melrose House, children of both sexes from low-income families were able to attend summer camps outside the city for two weeks. This service was offered free of charge by the entity known as the Herald Tribune Fresh Air Fund, sponsored by the influential newspaper *New York Herald Tribune*. However, not many children from the neighborhood took advantage of this opportunity. They would often sign up to go to camp, only to change their minds later, or their parents would reconsider. As the good advocate for the Puerto Rican cause in Manhattan, Reverend Edicer N. Rodríguez—Pastor of the First Spanish Evangelical Church—remarked to me, there were more camp spots available than children to fill them.

The funds to sustain Melrose House came from various sources, but only two could be considered secure. One was the fixed monthly allocation from the Department of Welfare for the daycare, and the other was the annual contribution from "The Greater New York Welfare Fund," a private organization dedicated to supporting the community center. The latter increased substantially during my tenure, thanks to the positive interest of the GNYWF Administrator and, in particular, of the Deputy Administrator, Mrs. Natalie Linderhorm, in the work of Melrose House.

Additionally, a committee of citizens I organized, chaired by the distinguished engineer Luis M. Vidal—a Puerto Rican native of Bayamón and former city resident—conducted an active fundraising campaign through mail and personal contacts. This campaign raised several thousand dollars, contributed by both Puerto Ricans and Americans, including the successful businessman Mario González Levy. A descriptive brochure of Melrose House's activities, generously prepared by a skilled public relations professional, was of significant help in this endeavor.

Other smaller amounts of funds were raised through an event held in the auditorium of Jane Addams Vocational School, featuring a prominent performance by the Peruvian comedian Alberto de Lima, who also donated his services.

These and other legitimate fundraising methods would continue in the years to come.

A typical street scene in a working-class section of the Bronx in the early 1940s.

12

Melrose House—And the Impact of the Great Migration

In the Bronx, and throughout New York, there was increasing emotion and anger about the growing presence of Puerto Rican migrants. The equally strong migration wave from the southern states didn't seem to provoke as much resentment. A prevailing climate of unease was fueled by longtime residents' alarm at photographs in newspaper articles depicting planes arriving from San Juan full of migrants of all ages, the conditions of aircraft cabins after passengers disembarked, and the overcrowded living situations into which newcomers were forced.[24]

During those days, the so-called "hot bed system" emerged, which was allegedly implemented in Puerto Rican households due to the lack of facilities to accommodate the newly arrived.[25]

---

24. *See* Appendix A11. —*Ed.*
25. The "hot bed system" refers to overcrowded living conditions that required multiple people to sleep in a single bed in shifts. —*Ed.*

Reflecting the sentiments of a significant segment of longtime residents, a first-generation American, assimilated and working as a merchant, pointed out to me: "What's happening is that the old residents are scared. They seem to see a thief or ex-convict in every person they hear speaking Spanish around them."

Due to my professional obligations, I had to attend, and in fact did attend, occasional meetings held in the auditorium of Sachs Quality Stores, attended by representatives of social, civic, and religious organizations in the Bronx, as well as schools and the police. The vice president of this department store, Philip ("Phil") H. Michaels, was the treasurer of Melrose House, as well as a strong supporter of the center and a friend of mine.

At those meetings, police protection for institutions and the citizens of the Bronx was requested—or rather demanded. Listening to the statements made there was like hearing the cry of a community that was disintegrating. Its longtime residents—white, English-speaking—were obviously planning to relocate to other parts of the city, and in the meantime, they were revealing their concerns for their personal safety.

Curiously, among the Puerto Ricans, there were three categories. One of these was derogatorily called the "Marine Tigers," a reference to the fact that they had arrived in New York aboard the transport ship of the same name. With reasonable fares, this vessel made several trips, starting in San Juan, bringing the first waves of migrants to New York at the end of the Great War. Another category was the migrants who arrived later by air, who insisted on making it clear that they hadn't traveled on the "Marine Tiger." And a third, more sophisticated category was that of compatriots—longtime residents—who had come to the metropolis before the Great War.

It deeply saddens me to remember how some of these longtime residents took advantage of the inexperience of their newly arrived compatriots to swindle them out of the few dollars they brought with them.

The first swindle occurred at the airport when the newcomer, trusting in the compatriot who offered transportation to their destination, soon discovered they had paid two or more times the fare for the trip.

The "sale" of apartments or furnished rooms at exorbitant prices, which was nothing more than facilitating the occupation of available housing units, was the most popular business. A common trick was to verbally announce supposed upcoming vacancies in apartment buildings, accept deposits to occupy them, and in the meantime disappear with the money. Another old trick, put into practice again, was to deceive the applicant with the promise of a job in some factory; the worker would pay a fee, which the agent would split with the foreman of the establishment, and within a week, the foreman would dismiss the worker to place another using the same method.

On the other hand, the behavior of certain compatriots was contrary to acceptable norms among civilized people. A compatriot, a pharmacist by profession, who managed his own pharmacy, complained to me about the behavior of young tenants in his boarding house located on Jackson Avenue, just steps from the subway station. According to his account, these young people did not defecate in the toilets provided in the house but in newspapers, which they then threw into the street, provoking the indignant repulsion of passersby.

Rafael de Jesús Estrella, another compatriot pharmacist and owner of a pharmacy at the corner of Westchester and Prospect Avenues, came to see me one morning to urge me to attend a meeting of representative Puerto Ricans to be held that same evening on Westchester Avenue, near both Melrose House and his establishment. Rafael, who was a member of the Board of Directors of the community center, reflected in his face the concern and indignation he felt over a series of articles published by the *New York World Telegram*, signed by its editor, Alan Keller. Identified as I was with these feelings, I attended the meeting and subsequently two or more meetings held in Manhattan. On this first occasion, I greeted an old acquaintance, the charismatic political leader Dr. José Negrón-Cesteros, better known as Dr. José N. Cesteros, who had been the President of the Puerto Rican-Hispanic Section of the Democratic Party for many years. Thus, a relationship of mutual sympathy, initiated when I was a social work student in New York, was resumed and over time became an intimate friendship.

In those dark days of 1947, a vociferous protest was held in front of the editorial offices of the newspaper *New York World Telegram*, organized by my fellow countrymen from East Harlem and led by Congressman Vito Marcantonio.[26]

The day after that demonstration, I visited the editorial office of the aforementioned newspaper, where I was immediately

---

26. *See* Appendix A12. —*Ed.*

received by its editor, Mr. Wood. I protested against the sensationalism and certain inaccuracies in the articles by Alan Keller. Mr. Wood responded by saying, "You (Puerto Ricans) can only claim in your favor that you are American citizens." He then asked me to point out any inaccuracies in the articles. I quickly referred to the assertion that Puerto Ricans suffering from various contagious diseases were handling food in cafeterias and restaurants across the city, which I labeled as false and unjust. Incidentally, I asked him how he could explain that each worker in that industry possessed a certificate of good health issued by the relevant New York authority. Mr. Wood checked the newspaper and verified Alan Keller's irresponsible statement. He promised me that this assertion would be corrected in Keller's next article, and it was indeed done.

Years later, I met Mr. Wood socially at the home of Amalia Guerrero, who presided over the "Friends of Puerto Rico" society. During my conversation with Mr. Wood, he expressed his keen desire for the *New York World Telegram* to have a Puerto Rican editor. I mentioned Frank Ramos, a recent journalism graduate, and he told me he would hire him right away. However, Ramos chose to come to Puerto Rico to work at the *San Juan Star*.

The most attended and perhaps most important of the meetings I participated in to counter the storm of negative publicity against us took place at the headquarters of the "United Maritime Union" (UMU), where a young Puerto Rican who worked as an employment agent was very active. Numerous representatives of our community from all socioeconomic levels gathered there. The meeting was held in the Union's large conference room, around a table with comfortable chairs; its walls were covered with luxurious red drapes, and the floor was carpeted wall to wall in the same color. Behind the executive chair at the head of the table hung an enormous oil painting—can you guess of whom, dear readers? None other than the Soviet dictator, Joseph Stalin!

I confess that I felt uncomfortable, out of place, and distressed in that setting. I presume that other attendees felt the same way, although none expressed it to me. In fact, I was an unknown figure in that group.

The employment agent who was introduced to me on that occasion and, presumably, the person who facilitated the meeting in that location, later became an effective collaborator of mine in the effort to provide jobs for Puerto Rican workers in the U.S. Merchant Marine through the UMU. By that time, I was the Director of the Office of Employment and Migration of Puerto Rico in New York. Meanwhile, Joseph Curran assumed the presidency of UMU and took on the task of eliminating communists and "fellow travelers" from that union. One morning, the aforementioned agent came to my office, deeply troubled, asking for my help in retaining his position in the Union. I promised to do so, and that very day I wrote a letter to Joseph Curran, asking him to reconsider my compatriot's case, based on the good reputation he enjoyed in the community and the usefulness of the services he had provided to the Union and our agency. The union leader confirmed him in his position, giving me the satisfaction of reciprocating the collaboration of my compatriot.

During the two and a half years that I held my position at Melrose House, I expanded my English vocabulary with expressions I heard repeated by my American fellow citizens. Here are some of them: "Hot bed system" (previously mentioned); "Racial tensions"; "No discrimination because of race, color or creed, or national origin"; "handicapped personality" (a reference to those who harbor racial prejudices); "inter-racial, inter-faith, inter-cultural activities" (which my friend Phil Michaels insisted on recommending to promote coexistence among Bronx residents). And many others that I have since forgotten.

On the other hand, from a prosperous merchant in East Harlem, a compatriot of mine, I learned of the existence of a new race, which, incidentally, was sympathetic to Puerto Ricans. Discussing the dilemma we were facing, my compatriot observed that there was only one "little race" in solidarity with us, which, according to him, was the Dominican one. On the same occasion, this compatriot revealed a detail of his success in business:

> Unlike my fellow countrymen who walk on tiptoe when they go to an appointment, I do so with a heavy step, so it is noticed that I have arrived.

From an Argentine Jew, a hardware store owner, I heard an observation that seemed accurate to me. He told me:

> The attitude that limits the opportunity for Puerto Ricans is their lack of perseverance. Puerto Ricans get discouraged very quickly. They do not insist on achieving what they intend. If they do not get what they want the first time, they do not go back and try again.

TOP Jesús T. Piñero, Resident Commissioner of Puerto Rico (1945–46) and appointed by President Truman as the first Puerto Rican Governor of Puerto Rico (1946–49), who appointed Cabranes to head the Puerto Rico office in New York.

BOTTOM Manuel Cabranes meeting at the Office of Puerto Rico, the familiar name for the Employment and Migration Office, with Inés Mendoza de Muñoz Marín, the wife of Puerto Rico's first elected governor, Luis Muñoz Marín, 1949.

13

How I Came to Direct the Employment and Migration Office

The autumn of 1947 was unfolding. Illuminated by sunlight, the days were shorter, the nights longer and colder. The leaves of the trees, once green, were now yellow and/or red and gradually fell onto the grass, covering it with a blanket of leaves. The forests lost their greenery and turned multicolored, heralding the approach of winter. The spectacle of the changing leaves in temperate zones is stunningly beautiful!

The presence of Melrose House in the realm of the South Bronx—and even more so, in New York City—was well established. The Puerto Rican community, which was its reason for existence, the city's Social Welfare Council and its Bronx branch, and the agencies with which Melrose House had established relations were all aware of its presence and what it represented. Aware of its limited resources and ambitious program, Stanley ("Steve") Brody, Executive Director of the Bronx Social

Welfare Council, had kindly remarked that Melrose House existed because of its Director.

The community center operated with economic and spatial limitations. Only one of its programs—the daycare center for children of mothers who worked outside the home—did not face financial difficulties because its budget was provided by the Department of Welfare. Nonetheless, the sponsors of Melrose House, aided by a group of good Puerto Ricans led by Engineer Mr. Luis M. Vidal, offered encouragement and support to the Director by helping to raise the necessary financial resources.

One morning, while I was working in my office, I was surprised to receive a phone call inviting me to meet with the Commissioner of Labor of Puerto Rico, Fernando Sierra Berdecia. According to my interlocutor, Salvador Torres Mazzorana, he was in the city and was interviewing Puerto Rican leaders regarding a proposed agency of the Government of Puerto Rico in New York. Torres Mazzorana, whom I did not know, introduced himself as the Head of the Identification Office of the Puerto Rico Department of Labor in the city.

It took no effort for me to ask Torres Mazzorana to kindly give my apologies to his boss, Commissioner Sierra Berdecia, because, unfortunately, my commitments with Melrose House prevented me from going to see him. I also asked him to convey my best wishes for success in his endeavors.

After finishing my brief conversation with Torres Mazzorana, I thought to myself: there would be no useful purpose in neglecting my duty to go to Manhattan (the headquarters of the Identification Office) to talk with Commissioner Sierra Berdecia and pretend to be a leader, which I am not. There are already too

13. HOW I CAME TO DIRECT THE EMPLOYMENT AND MIGRATION OFFICE

many leaders among us who can guide him. Sierra Berdecia and I do not know each other: we have barely crossed paths half a dozen times on the street. I know that he is a writer, a high-ranking official in the Government of Puerto Rico, and a leader of a political party that I did not support. Neither my opinions nor my person can be trustworthy to him. Why waste time presenting my ideas on the proposed agency?

Minutes later, while I was still absorbed in these reflections, the phone rang again. This time, Torres Mazzorana informed me that if I could not go to see the Commissioner, he would come to see me and that we should make an appointment.

The Melrose House Board of Directors was holding a meeting that same day, in the evening, and I invited Sierra Berdecia to attend. After the event, while we were on the sidewalk in front of the community center, the Commissioner spoke to me about the Puerto Rican government's plans to establish an Employment and Migration Office in New York. He wanted to know if I would be interested in being considered to head this agency, to which I pointed out that there were various individuals in the city with sufficient qualifications to take on the role. However, the Commissioner insisted that he wanted to consider me among other candidates; that I should submit my application and that he would keep me informed of the outcome of his efforts with the Legislature.

While I was conversing with the Commissioner, it occurred to me that, obviously, more than one person had spoken highly of me and the work I was doing at Melrose House. However, without revealing my reaction to his apparently sincere intention to consider me for directing the proposed agency, I thought to myself: if I submitted my application and was not selected for the position, I could not later disapprove of any actions of that agency that I considered wrong. If I did, it would be said that I was acting out of spite. In this circumstance, I should not submit my application.

During the Board of Directors meeting that had just taken place, Philip Michaels, Vice President of Sachs Quality Stores and Treasurer of Melrose House, kindly invited the Commissioner to a luncheon in his store's auditorium, to be held two or three days later. This very interesting and pleasant event was attended by distinguished American and Puerto Rican personalities from the Bronx and Manhattan, who were interested in the situation of our compatriots and the role that Melrose House was playing.

A few weeks later, I heard from the Commissioner. The Legislature and the Governor had approved the allocation of funds for the proposed agency. The Commissioner wanted to know if I would accept the appointment to direct it. Again, this time in writing, I reiterated that there were other qualified individuals for the position and that he should avoid any inconvenience that my appointment might cause him. I was aware that I might not enjoy the confidence of the ruling party. To this, the Commissioner responded by extending the appointment to me. This was on December 22, 1947. I assumed the position on January 16, 1948.

Later, when I was already serving in the role, the Commissioner told me that when he consulted my appointment with then-Governor Jesús T. Piñero, the Governor had stated that if I continued to be indecisive about accepting the position, I should be "recruited."[27] Here it is worth adding that during and after my tenure as Director of the Employment and Migration Office, my relationship with Governor Piñero was frank, satisfactory, and cordial.

---

27. *See* Appendix A10. —*Ed.*

Puerto Rican migrants seeking employment at the Employment and Migration Office ("Office of Puerto Rico") in the 1940s.

14

The Employment and Migration Office

My experience at the Employment and Migration Office, generally known as the Puerto Rico Office in New York, was vast, useful, and thankless. Through this experience, I came to understand even more the way of life and the despair of so many compatriots who moved to the New York metropolis with the intention of settling there, but lacking the necessary tools to integrate into that society. These tools include knowledge of the English language, even if rudimentary; marketable skills; and a strong determination to improve oneself. If the first two conditions are lacking, there are plenty of opportunities there to acquire them.

Marginalized by their little or no education, lacking useful skills and work habits, thousands of our brothers lived (and still live) in extreme poverty, relying on public assistance. The Employment and Migration Office diligently strived to help these individuals, as well as their newly arrived compatriots from Puerto Rico, skilled workers, and professionals.

The different sections of the agency were headed by qualified personnel, namely: Dr. José J. Osuna, former Dean of the College of Education at the University of Puerto Rico, in charge of the Education Section as a consultant; Paquita Bou, a social worker experienced in aiding displaced persons from World War II; and Mary Antoinette Cannon, a social worker with extensive experience in the metropolis. The first led the Employment Section and the second, the Social Services Section. Eulalio (Lalo) Torres, a former employee of the Department of Labor, was in charge of the Agricultural Labor Section. Lalo was assisted by two other competent and dedicated public servants: William D. López, who had served as Deputy Commissioner of Labor during the administration of Prudencio Rivera Martínez, and Carlos Gómez, recruited in New York.

When Dr. Osuna retired for health reasons, he was succeeded successively by Dr. Arturo Morales-Carrión, who at the time was pursuing advanced studies at Columbia University, and Professor Eloísa Rivera de Garcia, a university professor with many years of residence in New York. Upon her retirement, Commissioner Fernando Sierra Berdecia appointed a personal acquaintance of his, Clarence Senior. Senior had directed the Center for Social Studies at the University of Puerto Rico and later collaborated with Dr. C. Wright Mills of Columbia University on a study of Puerto Rican migration to New York, conducted at the request of and funded by the Government of Puerto Rico. The study was titled: *The Puerto Rican Journey—New York's Newest Migrants*, Harper Brothers, 1950.

Both Dr. Mills's study and the establishment of the Employment and Migration Office were aimed at calming public outcry—reflected in intermittent reports in newspapers and magazines—and the concerns of New York authorities over the heavy Puerto Rican migration to the city and its impact on public and private agencies.

For just over two years, the newly created agency was served by Deputy Director Stella Draper, appointed by the Commissioner of Labor, presumably at the initiative of Governor Jesús T. Piñero.

Stella had been the secretary to Dr. Ernest Gruening when he was Director of the Bureau of Territories and Possessions, U.S. Department of the Interior, and later, when Gruening was Governor of Alaska. A person of exceptional competence, Stella acted as Chief of Office, prepared, and reviewed the agency's outgoing correspondence in English.

I was responsible for the administration and general supervision of the Office and its public relations: contacts with the community and public and private agencies.

In the area of employment, which was our primary objective, I sought and obtained the valuable cooperation of compatriots and other agents in the service industry and various unions, including District 65, which gradually made it possible to place thousands of unskilled workers in hotels, cafeterias, workshops, and hospitals. Mario Abreu of District 65, Mike Ortiz of the Cafeteria Workers Union, Joe Alonso of Bellevue Hospital, and others whose names escape my memory collaborated with admirable dedication and effectiveness in this effort.

I had to dedicate many hours and a great deal of effort to explaining the reasons for the heavy migration of my compatriots to New York and other areas of the United States, as well as the culture and potential for progress of the migrants, to journalists who frequently came to me seeking information. These journalists belonged to two categories. Some worked for newspapers or magazines, while others were the so-called "freelance writers" who prepared reports to offer to whichever publication was interested. I am pleased to have managed to dispel the errors and prejudices that some of them held about us.

The more sensible of those journalists not only published objective reports about Puerto Ricans and their way of life but also became our friends and friends of Puerto Rico. Among them were Charles Grutzner and Peter Khiss of the *New York Times*.[28] To such an extent was this the case that on one occasion when the late Ángel Ramos, the publisher and owner of *El Mundo* of San Juan, visited Paris, he was surprised to read in the *Herald Tribune*, Paris edition, a very satisfactory article about the Puerto Rican situation in New York, in which my statements were quoted. He sent the clipping to the Commissioner of Labor.

Unfortunately, my statements that occasionally appeared in the *New York Times* and other publications, far from being well received in certain circles, caused barely concealed annoyance.

In September 1949, then-Mayor William O'Dwyer created the Mayor's Committee on Puerto Rican Affairs in New York with the commendable purpose of coordinating the services of municipal departments, agencies, and private institutions for the benefit of our compatriots in the city. Commissioner of Welfare

---

28. *See* Appendix A16–19. —*Ed.*

14. THE EMPLOYMENT AND MIGRATION OFFICE

Raymond M. Hilliard was appointed by the Mayor to chair the committee, which was composed of about fifty representatives of the community—both American and Puerto Rican—and city officials.[29] The Mayor also appointed me as the committee's vice-chairman.[30]

Shortly after the committee began its work, the Mayor announced the creation of fifty new positions for social investigators in the Department of Welfare, specifically for individuals with knowledge of the Spanish language, and instructed Commissioner Hilliard to proceed with the recruitment.

The Mayor's Committee, initially chaired by Raymond M. Hilliard and later by Edward G. Miller, former Assistant Secretary of State for Latin American Affairs and a native of Puerto Rico, fully fulfilled its mission. The Puerto Rican community in New York and Puerto Rico itself benefited from its work. Regarding Puerto Rico, it is worth noting that when the U.S. Congress considered extending Social Security to the Island in 1950, there was strong opposition to it. The Committee, along with the Mayor and numerous city institutions, spurred by the Committee, addressed the New York congressional delegation in Washington, urging the extension of Social Security to Puerto Rico.[31] As a result, Congress approved it. The then Resident Commissioner to the United States, Dr. Antonio Fernós-Isern, recognized how effective the Committee's campaign had been in ensuring that

---

29. *See* Appendix A23. —*Ed.*
30. *See* Appendix A16–19. —*Ed.*
31. *See* Appendix A19. —*Ed.*

Social Security was extended to the Island. In a communication to the Governor of Puerto Rico, Dr. Fernós-Isern expressed his gratitude in these or similar words: "Our friends in New York behaved admirably and deserve our gratitude and congratulations."

I had the privilege of being directly responsible for the Committee's affairs from its inception until nine years later, when it was dissolved. And for thirteen years, until 1965, I was involved with one of its creations: the New York Puerto Rican Scholarship Fund, Inc., of which Dr. Rafael A. Marín was the sole president.

A record of the Committee's achievements during the period from September 1949 to September 1953 is contained in the report submitted by Raymond M. Hilliard to the then-Mayor of New York, Vincent R. Impellitteri. This record should be in the City Hall archives and in the New York Public Library. In the latter, thanks to the efforts of my son José, the archives of the Scholarship Fund can be found. Both the Record and the Archives contain extensive information of particular interest to students of Puerto Rican origin in New York's colleges and universities.

My connection with the Employment and Migration Office ended in the summer of 1951 when I took on the position of Assistant Secretary of the Commission for the Foster Care of Children (New York City Commission for the Foster Care of Children).

During my tenure at the Employment and Migration Office, I endeavored to serve the interests of migrant farmworkers loyally and diligently, visiting the camps where they were housed whenever necessary and discussing their problems and complaints with the administrators of those establishments. I also visited certain

14. THE EMPLOYMENT AND MIGRATION OFFICE

workers who lived on the farms where they worked, with the same purpose in mind. I recall that in one specific case, the workers did not complain about the working conditions or the treatment they received from the farmer and his wife, but rather about the hostility they encountered from the neighboring community. The inability of our boys to communicate in English with the bartender at the bar where they went for a few beers, or with the ticket seller at the theater, or the policeman, was the factor causing the discord. To avoid unpleasant incidents, the farmer himself would accompany his workers on their visits to town.

Among the observations—generally sensible—that the Commissioner made to me shortly after I began serving as Director of the Office, there was one that, naturally, I had to ignore. Referring to what my attitude should be towards the complaints presented by the workers, the Commissioner said to me: "Remember, Manolo, that if the worker is wrong, you will give him the benefit of the doubt."

The contracts for the farmworkers who would travel from the Island to New Jersey, Pennsylvania, New York, and other areas of the United States during the spring and summer were negotiated in San Juan. On one side, the Commissioner, advised by the Office's lawyer, and on the other, the representative of the organization or firm interested in employing the workers. I never had any involvement in these negotiations.

Around the spring of 1950, several thousand farmworkers went to Michigan to work in the planting, cultivation, and harvest of sugar beets, under contract with an agency from Saginaw called Michigan Crops. This was a type of work unknown to our workers until then, who soon became disillusioned by the nature of the tasks and the lack of payment. They had to wait until the harvest was completed to collect their wages, although in many cases, the farmers advanced part of the payment. These workers were not housed in camps but scattered across hundreds of farms. And communication between worker and employer was certainly difficult due to the language barrier. On some farms, migrant Mexican workers from Texas and other southwestern states acted as interpreters.

The outcry from the workers in Michigan resonated in the press and throughout the country, leading the Legislature of Puerto Rico to approve a substantial allocation of funds to compensate them and return them to the Island. Some of these workers ended up in Texas and other southwestern states of the U.S. in the company of their Mexican colleagues, where we had to go fetch them. Meanwhile, it was found that the agency contracting the workers lacked financial responsibility and that the bond deposited to guarantee the fulfillment of the contract was insignificant.

Certainly, the Commissioner sought and obtained financial assistance for the workers affected by the Michigan adventure, and the entire staff of the Office collaborated to the fullest extent of their abilities in providing aid to those workers.

Sometime after the unfortunate Michigan episode, the Commissioner unexpectedly showed up in New York, staying at a hotel next to the Office. Early one morning, he called me on the phone and asked me to come see him immediately. I did so. I noticed he was worried, nervous, as if he was out of his mind.

14. THE EMPLOYMENT AND MIGRATION OFFICE

And what struck me most was hearing him say and repeat, "I have dynamite in my hands," to describe his state of mind. Without offering any explanations, he ordered me to return to the Office and inform Stella Draper and Eloísa Rivera de Garcia that they were dismissed from that moment. He also warned me that he would wait at the hotel for my notification that both employees had been informed and had left the premises.

I carried out the Commissioner's order, speaking briefly with both employees. Stella received the message I conveyed with evident stoicism, although her face paled as she listened to me. Her only comment as she said goodbye to me was one I had heard from her on other occasions: "Fernando is a fool." Eloísa, on the other hand, seemed to doubt the authenticity of the order, feigned a smile, and for a moment, stared at me intently. I believe she still thinks it was I who decided to relieve her of her responsibilities. I never saw or spoke to Stella again. And my relationship with Eloísa became merely formal from that day on.

The sudden dismissal, without explanations, of both employees revealed to me the true temperament of the Commissioner. It was a warning that I did not understand, despite the adage that says, "When you see your neighbor's beard being cut, put yours in water."

Aside from her extraordinary administrative skills and work capacity, Stella had a valuable record of serving the Popular Party as both secretary to Dr. Gruening in Washington, and, according to her, as a friend of Luis Muñoz-Marín.

I believe that Stella's dismissal resulted from her persistent disagreement with a rumored deal between the Commissioner and then-Governor of California Earl Warren stipulating that Puerto Rican farmworkers would not be sent to California. Allegedly, Warren had expressed to the Commissioner his fear that the presence of groups of Puerto Ricans in agricultural work in California would create ethnic conflicts. And to avoid these, he had instructed the State Employment Service Director not to process orders for Puerto Rican workers.

Stella, on the other hand, argued that Puerto Rican farmworkers residing in New York were free to accept the offer to go pick lemons in California. This, she argued, did not constitute a violation of the supposed agreement between the Commissioner and the Governor.

Given the urgent need to facilitate employment for our workers in New York, the repeated interest of the employer in hiring them, and the employer's presence in the city, a group of these workers, recruited at the Office, went to California. And that was the breaking point. In the Commissioner's absence in San Juan, Deputy Commissioner Blas Oliveras called me on the phone to ask for an explanation for sending those workers to California. Before hanging up, he asked me if I thought I was the Commissioner. "Of course not, Don Blas," was my response to his outburst.

Eloísa Rivera de Garcia, whom the Commissioner had met at an event at the Instituto de Puerto Rico, where she was president, came to work at the Office with the Commissioner's approval. Apparently, he had decided to replace her with Clarence Senior because when the position became vacant after Eloísa's departure, he immediately replaced her with Senior. The Commissioner had brought Senior's contact information from San Juan, and later that morning, after the dismissals, he informed me of his intention to call him and offer him the position.

In the ensuing months, everything seemed to be going normally. The Commissioner spoke to me and wrote about his plan to expand the migration and employment program in the U.S. To that end, a National Office would be created, of which I would be the Director, and several regional offices, similar to the one already existing in Chicago. He asked me to submit a written organizational plan, which I was about to do.

Meanwhile, Clarence Senior had moved to Costa Rica to conduct a study, which he said had been commissioned by the Twentieth Century Fund. He said goodbye, saying he did not know if he would return to the Office.

A few days later, I received a phone call from the Commissioner inquiring, from San Juan, about Clarence Senior's address in Costa Rica. I gave it to him (Hotel Costa Rica, San José).

Barely a week had passed when Senior was back in New York, and early one morning, he called me to ask if I would be at the Office within the next half hour. He needed to see me, he said, because he had returned from Costa Rica via San Juan, where he had met with the Commissioner.

When he sat down next to my desk, Senior informed me that the Commissioner had appointed him Director of the National Office. He had with him the budget for it and several regional offices. He would have a salary of ten thousand dollars annually, and my salary would be increased by six hundred dollars, bringing my annual salary to $6,300. As he left, with an air of triumph, he said: "I'm sorry, Manolo. I didn't ask for the job. Fernando convinced me to accept it. We'll talk later."

That April morning, I saw my sentence written on the wall. I could not retain the position I held, and worse, I could not leave it immediately either. I sat alone for a few minutes—absorbed, confused—by the unexpected news I had just heard.

I spent about three months under the rule of someone who had once been my colleague, treated by me with consideration and respect. I was ignored regarding changes in the organization of the New York Office and the appointment of new personnel, and orders were transmitted to me in writing or through an individual the National Director had appointed as his assistant.

In the meantime, the Commissioner visited the Office at least twice. He had now changed his tune from "I have dynamite in my hands" to a more threatening one: "I'm carrying a whip, and I'll use it to strike anyone who gets in my way." He would show up at the Office before anyone else to wait for certain employees and, through them, find out what was happening there. The same informants would later come to me to comment on the inquiries the Commissioner subjected them to.

I denied the person responsible for the situation I was facing two satisfactions while preparing to leave that ungrateful job. One, not asking him for any explanation or showing anger over his unexpected betrayal. The other, when he delayed informing me of the acceptance of my resignation, urging him—in a second letter—to accept it. This was because the Commissioner claimed to have adopted a policy of accepting all resignations presented to him and then waiting for the resigning person to come back, crying, begging him to withdraw it.

I left that job with my head held high, just as I had started it two and a half years earlier. Only one concern tormented me: the well-being of my family.

Cover and dedication of "The Docile Puerto Rican" by Rene Marquéz.

15

Fruits of Betrayal: On the Constant Persecution by the Commissioner and His Associates

In his intriguing essay "The Docile Puerto Rican," René Marqués points out the cruelty of Puerto Ricans toward other Puerto Ricans. In the following account, you will see the extreme and vicious lengths to which some individuals can go in their attempt to bury their perceived adversaries in anonymity—destroying them, if possible—and preventing them from earning a living.

In Search of Employment

Once the Commissioner had accepted my resignation from my position as Director of the Employment and Migration Office, I was free to seek new employment. Noticing in the press that the U.S. Public Health Service was looking for a social worker, I went to the office of the doctor who was to select candidates for the appointment. During the interview, he took the necessary notes, and I left hopeful about being hired. He asked me to return one or two days later. Meanwhile, he would refer my name to his immediate supervisors.

When I returned to see the doctor, he appeared troubled and indecisive. I was still his choice, but the supervisors opposed my appointment. At the request of the doctor, the supervisors came to meet me personally. The conversation was brief. I met the requirements for the position, but they "knew" I would not stay in the job for long, as I would find a better-paying position soon. The assurance I gave them to the contrary was of no use. Their attitude was negative, and their decision was final. Clearly, the information they received from the Employment and Migration Office about me had been unfavorable.

Employment with the City of New York

My gratuitous enemies at the Employment and Migration Office—Clarence Senior and José Monserrat—and the Commissioner himself were surprised that I was going to take a position with a New York City agency—the NYC Commission for the Foster Care of Children. If they did not prevent or try to prevent it, it was because they were not consulted. The Commissioner thought I was heading to Catholic Charities, where I would serve as a Probation Officer for adolescents referred to the agency by the Juvenile Court or graduates of institutions. From San Juan, the Commissioner had sent a highly laudatory report about me to Catholic Charities in response to their inquiry. Perhaps Senior did not take into consideration the response to Catholic Charities.

The idea that I might continue to have some influence in the community and in government circles was something neither Senior nor Monserrat was willing to tolerate. A "sanitary cordon" had to be established around me, and efforts had to be made to alienate me from anyone who supported me both in and out of government.

The Rise of Senior and Monserrat's Influence

The reputation of Senior and Monserrat as dispensers of distinctions and favors from the Puerto Rican government became well-known throughout the metropolis. The Commissioner of Welfare—who had appointed me as Deputy Secretary of the Commission for the Foster Care of Children—and various other high-ranking administration officials, as well as the Mayor, with their respective wives, were invited to visit Puerto Rico. There, they were hosted by their counterparts and by Governor Luis Muñoz-Marín himself, at La Fortaleza. Leaders and executives of workers' unions, directors of social agencies, groups of teachers, and high-ranking government employees also traveled to the island "to better understand the culture and way of life of our people." The directors of the Urban League and the National Association for the Advancement of Colored People also made the trip. It was the golden age of the Employment and Migration Office.

San Juan Bautista Festival and Federation of Hispanic Societies

Meanwhile, the chancellery of the Archdiocese of New York appointed me President of the San Juan Bautista Festival, a position I held for five consecutive years, in collaboration with the Coordinator of Catholic Action.[32] After stepping down as President, I remained as President of the Festival's Citizens Committee. I declined the offer to preside over the Federation of Hispanic Societies, an honor offered to me by its leading figures: Mr. Tomás Santana, President of La Nacional (Confederated Spanish Societies); Professor and writer Jesús de Galíndez; and Juan Mas, a hotel employee with civic consciousness and community ties. The Federation was responsible for initiating and organizing the first Hispanic Parade, held in celebration of Pan American Day.

I explained to my friends Santana, Galíndez, and Mas that my presidency of the Society could be interpreted as competing with the Council of Hispanic Organizations, a creation and arm of Senior and Monserrat, which was not something I intended to do.

When the San Juan Bautista Mass was celebrated for the second time at St. Patrick's Cathedral—with Cardinal Spellman as the celebrant—the attendance was not as large as the first year. Father Joseph Fitzpatrick—a sociologist and professor at Fordham University with strong ties to the Puerto Rican community—told me, "It was the work of the Puerto Rico Office…"

The Coordinator of Catholic Action—first Monsignor Joseph Connolly, and then Monsignor James A. Wilson—observed with me on more than one occasion how the sniping shots from the same place were aimed at me.

Even more incredible was what followed.

---

32. *See* Appendix A24. —*Ed.*

15. FRUITS OF BETRAYAL:
ON THE CONSTANT PERSECUTION BY THE COMMISSIONER AND HIS ASSOCIATES

Edward G. Miller, President of the Mayor's Committee

One afternoon when we were both at the San Juan City Hall with his wife and Mrs. Nancy Kefauver, the wife of the senator of that surname,[33] Attorney Edward G. Miller—President of the Mayor's Committee on Puerto Rican Affairs in New York—took me aside to relate a recent experience with Commissioner Fernando Sierra. Sierra had written to him from San Juan urgently requesting a meeting, which was scheduled to take place in New York. Later, Miller had to cancel the meeting due to matters he had to attend to in Washington. Nevertheless, Sierra arrived in New York as announced and from there located Miller in Washington, inviting him to lunch. When Miller agreed to the new request, the Commissioner flew to Washington, where they had lunch together (at the expense of the Puerto Rican government, of course). And what was the urgent matter Sierra wanted to discuss? Nothing less than asking Miller that the administration of the Mayor's Committee and its records be placed under the control of José Monserrat at the Employment and Migration Office. Miller refused this request and commented to me on how Puerto Rican taxpayers' money was being squandered on such trivial matters.

Miller informed me that he had reminded the Commissioner that the Committee was an official entity of the City and had to remain under my immediate supervision, as I was a city official. Furthermore, he personally had full confidence in me.

---

33. Estes Kefauver served as a Senator from Tennessee from 1949 to 1963. —*Ed.*

The Battle for Control of the Committee Resumes: A "Bomb" Explodes

The failed attempt to strip me of the custody of the records, archives, etc., of the Mayor's Committee was merely a skirmish. My enemies would renew their assault. They convinced Mayor Wagner that, as the Committee was an independent entity, it should function as such, separate from the Department of Welfare, where it had been created and existed for about seven years. To this end, the Mayor would appoint a Secretary for the Committee, and its files would be moved to a location provided by the City. Miller himself had to accept this plan. What else could he do?

The appointment of the Secretary—an ally of Senior and Monserrat—was announced in the press at an opportune moment. The installation ceremony took place at the Employment and Migration Office. It pained me to see at that ceremony people whom I had previously considered my friends. One of them, however, provided me with details of what had occurred there and continued to show me friendship. This was Dr. José N. Cesteros.

One or two days later, I received a phone call from the newly appointed Secretary, informing me that he would come to see me within the next hour. I attended to him courteously, as I was obliged to do. I showed him the files, which from then on would be at his disposal to be moved to their appropriate location. Soon, they were removed from my office to an unknown destination. I thought the battle had been lost definitively. Meanwhile, a

15. FRUITS OF BETRAYAL:
ON THE CONSTANT PERSECUTION BY THE COMMISSIONER AND HIS ASSOCIATES

column in *El Diario de Nueva York* praised the new Secretary's excellent qualifications. This was for the Spanish-speaking population. In the English newspapers, he was presented as a "Social Scientist." I confess I had never heard of him before.

Suddenly, the advertising campaign for the newly appointed Secretary ceased. "What's happening?" I inquired of my friend Dr. Cesteros, who told me:

> The appointment was not approved by the City Personnel Office. Records from the Police show that the individual had been arrested previously for committing an indecent act in the sanitary department of a subway station.

A few days later, I was asked through my boss, the Commissioner of Welfare, to go to a certain condemned school building to retrieve the files, etc., of the Committee. There, I found everything thrown into a room devoid of furniture, dirty, and dilapidated, like the rest of the building. Where had the records of the substantial work of the Mayor's Committee for Puerto Rican Affairs in New York ended up? And, once again, those valuable documents returned to my immediate jurisdiction.

Frustrated in their attempt to turn the Committee into their tool and possibly embarrassed by what had happened with the appointment of their recommended Secretary, the enemies remained quiet for some time. But they said they had to destroy the Committee. So, they appealed to Mayor Wagner once more:

> Now that the Commission for Interracial Relations (later called the Human Rights Commission) has been created, the Committee is redundant. Since Puerto Rican issues are similar to those of other ethnic or minority groups in the community, there is no need to single out Puerto Ricans as a class per se.

Thus, the final blow was dealt to the Committee, which was then dissolved.

Third Migration Conference

At the end of May 1960, what was called the Third Migration Conference was held in New York, with officials from Puerto Rico and the City participating. At the request of Robert Low, Assistant to the Mayor, I collaborated with him and Stanley Lowell in organizing the conference.

At the banquet held to conclude the conference, Mayor Wagner personally presented me—with nine other Puerto Ricans—with a diploma highlighting my services to the New York community. During his presentation, the Mayor lavished very generous praise on me.[34]

Earlier, while crossing the hotel lobby on my way to the dining room, I ran into the Commissioner. I would have preferred to ignore him, but I couldn't. The Commissioner approached me, smiling broadly, and said:

> I congratulate you, Manolo, for all the good things I've heard about you from Robert Low, including your collaboration in organizing the Conference.

---

34. *See* Appendix A26. —*Ed.*

Recommendations from the Third Migration Conference: A Comedic Episode

At the Mayor's request, the Acting City Administrator took on the responsibility of studying and summarizing the various recommendations made by the Conference panels and submitting a plan for their implementation. The Commissioner of Welfare, James R. Dumpson, referred to me two or more communications from the Administrator, asking me to provide my suggestions for each case.

The Administrator had his office at the Department of Welfare, where I was a Consultant to the Commissioner. Thus, the Administrator and I would exchange greetings and briefly discuss various matters occasionally. I remember that once the topic of the report he was to submit to the Mayor on the Conference came up, and he told me: "Only the suggestions from Commissioner Dumpson are practical; the others are unacceptable."

One afternoon, a few days later, Dumpson asked me to accompany him to City Hall. He did not tell me what it was about. Upon arriving at a small room adjacent to the Mayor's Office, we took our seats, but Dumpson quickly disappeared, presumably to meet with the Mayor. I remained alone in that room, sitting in the front row of chairs. Suddenly, I saw a group of people coming from the Mayor's Office toward where I was. They were: Clarence Senior, José Monserrat, and Commissioner Sierra. Almost immediately, Dumpson, the Administrator, and the Mayor appeared. To my surprise, Clarence Senior came to greet me, shaking my hand. His colleagues from Employment and Migration also greeted me. It was the first time in many years that I found all three of them together.

The Mayor began the meeting, explaining that the purpose was to hear the Administrator's report on how to implement the agreements from the Third Migration Conference.

The Administrator took the podium, and as he presented his report, it seemed I heard everything I had suggested. In summary: That the Mayor appoint a Coordinating Committee composed of representatives from the Health, Welfare, and Housing departments, and the Board of Education to consider and provide any special help needed by Puerto Ricans, if possible.

When the Administrator finished, Senior, Monserrat, and the Commissioner looked at each other, surprised, and left the room after the Mayor, heading to his office. They didn't even have the courtesy to bid farewell or make any gesture of acknowledgment. Clearly, the idea of a coordinating committee did not please them at all. What did they tell the Mayor after the meeting? I never knew, nor what was done with the recommendations made by the Migration Conference. *Requiescat in Pace!*

Et tu, Brute!

From the basket of unpleasant memories, I pull out two characters—Luisa and Antoinette—who in the 1950s were around seventy and seventy-something years old, respectively.

Luisa was a vain woman with airs of grandeur. She had been a teacher and social worker many years before. Later, her "hobby" was spending hours on the phone weaving intrigues. She harbored a cordial hatred for me because I thwarted her ambition to

15. FRUITS OF BETRAYAL:
ON THE CONSTANT PERSECUTION BY THE COMMISSIONER AND HIS ASSOCIATES

become the Director of Employment and Migration. When I left the agency, Luisa managed to get a job there, where she befriended Antoinette.

Antoinette, who came to the agency at my invitation, was a retired social worker of recognized prestige. Her presence at Employment and Migration was a great help to Puerto Rican families facing difficult survival situations. The professional and personal relationships between Antoinette and me, while I directed the agency, were frank and cordial. However, when I turned my back, the malice of Clarence Senior and the old grudge Luisa held against me seemed to have damaged her heart, as will be seen from the following detail.

One day, by appointment, Luisa and Antoinette appeared in the office of Raymond Hilliard, when he was still Chairman of the Mayor's Committee, to turn him against me. I learned this from Robert Rosenbluth, Hilliard's advisor and confidant. What trick did Luisa and Antoinette play on Hilliard? I do not know. Hilliard never mentioned it to me.

Later, I encountered Luisa and Antoinette at a meeting of the Mayor's Committee. Luisa was a member of this group. When they took their seats, one next to the other, I went to greet Antoinette. I placed a hand on her shoulder as a sign of affection. Antoinette's face changed. She could not understand why I approached to greet her or perhaps thought I was unaware of her disloyalty.

On that same occasion, by divine intervention, I witnessed Luisa having a hysterical attack during an intervention of hers on a matter I don't recall.

Felisa Rincón de Gautier

Felisa Rincón de Gautier, then Mayor of San Juan, had become my friend and extended numerous considerations to me over many years, which I reciprocated as best as I could. Her attitude towards me changed favorably once I was out of the Employment and Migration Office. Before, however, Felisa had asked her political boss, Governor Luis Muñoz-Marín, to remove me from that position because I was a "bad republican" who did not cooperate. I never discussed this detail with her. I learned of it from Vicente Géigel-Polanco, who was present during Felisa's interview with the Governor and heard everything that was said there.

Later, when my relationship with Felisa was cordial, I invited her to participate in a reception in her honor, sponsored by the New York Scholarship Fund for Puerto Rican Students. She accepted, pleased, and chose the date for the reception. Invitations were sent out by mail and published in the press.

Suddenly, Felisa asked me to cancel the event. My repeated pleas for her to attend were in vain. Again and again, she claimed, "God knows I cannot be present." It was clear that a higher power was preventing her from fulfilling her commitment.

Her sister, Finí, represented her at the event, which attracted several hundred admirers of the Mayor and supporters of the Scholarship Fund.

Mary Finochiario

Mary Finochiario, a former English teacher at Benjamin Franklin High School in East Manhattan, had become the supervisor of the English teaching program for Puerto Rican children in public schools. Her principal at the high school, Dr. Leonard Covello, had retired and was serving as an Education Consultant at the Employment and Migration Office, under Senior and Monserrat.

In an intimate conversation with me, Mary spontaneously referred to the deterioration of the relationship between Clarence Senior and José Monserrat, the former's disappointment with the latter, and Monserrat's intrigues. Looking at me intently, Mary observed, "You haven't been destroyed because of your integrity!"

What trauma might Mary have been experiencing that led her to open up to me in this way?

Manuel Cabranes and José A. Cabranes in New York City, approximately 1960.

16

Epilogue

Forty-six years have passed since my involvement in the life of the Bronx. It was once a splendid, large community, made up of citizens from different cultures and social strata—generally orderly, simple, and hardworking people. Many people of goodwill, both individually and through their organizations, endeavored to avert the chaos that threatened to destroy it. They failed. After a generation, the Bronx had become rubble! I doubt it will ever be what it once was.

As I recall with a mix of nostalgia and emotion my time in the South Bronx, I express my admiration and respect for the good people I met there and with whom I had the privilege of associating. And to all, I offer my gratitude for their friendship and collaboration.

CODA

Letter from Manuel Cabranes to José A. Cabranes (1961)

Sent on the occasion of José A. Cabranes becoming a teacher of United States and Puerto Rican history at Colegio San Ignacio de Loyola, December 28, 1961. Translated from the original Spanish (see Appendix C).

Observations from a retired schoolteacher to a novice secondary school teacher. The simple rules listed below were not learned from books but through several years of classroom experience. They are conveyed to the young teacher in the same spirit that Don Quixote gave his advice to Sancho when the Duke made him governor of Barataria:

1. SELF-CONFIDENCE is the first thing. This is the essential condition for succeeding in any endeavor, especially when in front of a group of students or the public. Self-confidence stems from the absolute certainty that the instructor possesses knowledge far broader and deeper on the subject to be covered in class than any of the students. For this to be the case, the teacher should not rely solely on their general knowledge, more or less organized, but should

prepare in advance on the specific aspects to be covered in the class. A typewritten outline with any necessary notes can be very helpful.

2. Since there is confidence in oneself, the attitude toward students must be SERENE, completely SERENE. This positive demeanor will be evident in a calm face, natural hand movements, slow speech, and a tone of voice preferably lower rather than higher. (A lower tone of voice encourages listeners' attention.)[1]

3. The amount of material to be covered should be proportional to the available class time so that the class proceeds CALMLY. The balance between the amount of material and the available time is important. Generally, the novice teacher has more time and the experienced teacher has less. The former tends to conduct the class too quickly and cover more material than can be assimilated.

4. Speak SLOWLY, without repeating what is said, except when emphasizing a detail. The teacher should not repeat "for the benefit of the class" the answers and reports given by students during the class. (If students notice that the teacher repeats what is said, they will not pay good attention the first time, waiting to hear it repeated.)

5. A class of adolescents is better conducted with the teacher standing in front of the students. This facilitates observing students' reactions as the class progresses. It also helps in using the board to write certain names and data that need to be remembered, such as maps. However, the teacher should not

---

1. It is beneficial at times for the teacher to reveal a good sense of humor through a witty and timely remark. However, care should be taken not to appear sarcastic.

always stand in the same spot. Sometimes they might move to one side of the room and at other times sit for a moment while listening to a report or observing students working.

6. If two or more students get distracted by talking among themselves during the class, the teacher should stop the class and remain impassive. This should restore normalcy. Sometimes, when students' conversation interrupts the class and silence is restored, the teacher could state that "the class will resume when the young people who interrupted it allow it."

7. The Curriculum prescribed by the Department of Instruction should be followed; likewise, the recommendations from the school principal should be adhered to gladly.

8. The History of Puerto Rico contains many legends and anecdotes that should be mentioned in class to make the study richer and more interesting, e.g., Becerrillo, the dog that saved his master; the episode of Salcedo (whom the Indians drowned in the Anasco River, thus discovering that Spaniards were not immortal); and the pirates and their exploits.

If the young teacher follows these sound pieces of advice and any additional observations from more competent individuals than this old teacher, they will discover that teaching is a pleasurable task. Their students will benefit from and enjoy their classes. Moreover, their reputation as a good instructor will extend beyond the classroom to be felt throughout the school and the community.

New York, N.Y.,
December 28, 1961

APPENDIX A

Sources and Documents

A1. Certificate of birth of Manuel Cabranes in Toa Alta to Manuel Cabranes Miró and Ana Velilla (thus, in general Spanish-language usage that employs the surnames of both parents, he would be styled Manuel Cabranes-Velilla).

CERTIFICACIÓN
DE LA CELEBRACIÓN DEL MATRIMONIO

Yo *Juan J. Ortiz*, mayor de edad, de estado *Soltero*, de profesión *Sacerdote*, vecino de *Las Piedras*, en mi carácter de *Sacerdote*, celebré en *Las Piedras* a las *ocho* de la *noche* del día *24* de *Diciembre* de mil novecientos *33*, el matrimonio que de su libre y espontánea voluntad contrajeron ante mí *Manuel Cabranes* y *Carmen López Rosa*, certificando la celebración de tal acto los testigos presenciales del mismo, *José Hernández*, mayor de edad, de estado *Casado*, de profesión *Empleado*, natural de *Juncos* y avecinado en la casa número ___ de la calle *Aduana* de *Humacao* y *Sara R. Hernández*, mayor de edad, de estado *Casada*, de profesión *Profesora*, natural de *Ponce* y avecinado en la casa número ___ de la calle *Aduana* de *Humacao*.

Las Piedras, P. R., *24* de *Dic.* de 1933.

Manuel Cabranes
[Firma del contrayente]

Carmen López Rosa
[Firma de la contrayente]

José Hernández
[Firma del testigo]

Sara R. de Hernández
[Firma del testigo]

Padre Juan J. Ortiz
[Firma del que celebra el matrimonio]
Cura Párroco

Transcrito hoy día *30* de *Diciembre* de 1933, bajo el No. *75* del libro de matrimonios. *Las Piedras*, P. R. *30* de *Diciembre* de 1933.

Antonia Martínez
Registrador

A2. Certificate of marriage of Manuel Cabranes (who adopted the American usage of dropping the mother's name) and Carmen López Rosa on December 24, 1933, in Las Piedras, P.R., adjacent to Carmen's home town of Humacao, P.R., by Father Ortiz, the Parish Priest of Humacao.

A3. TOP The U.S. Census forms of 1920 (for Toa Alta, P.R.) and BOTTOM 1930 (for the Santurce section of metropolitan San Juan).

A4. Census Data, 1940.

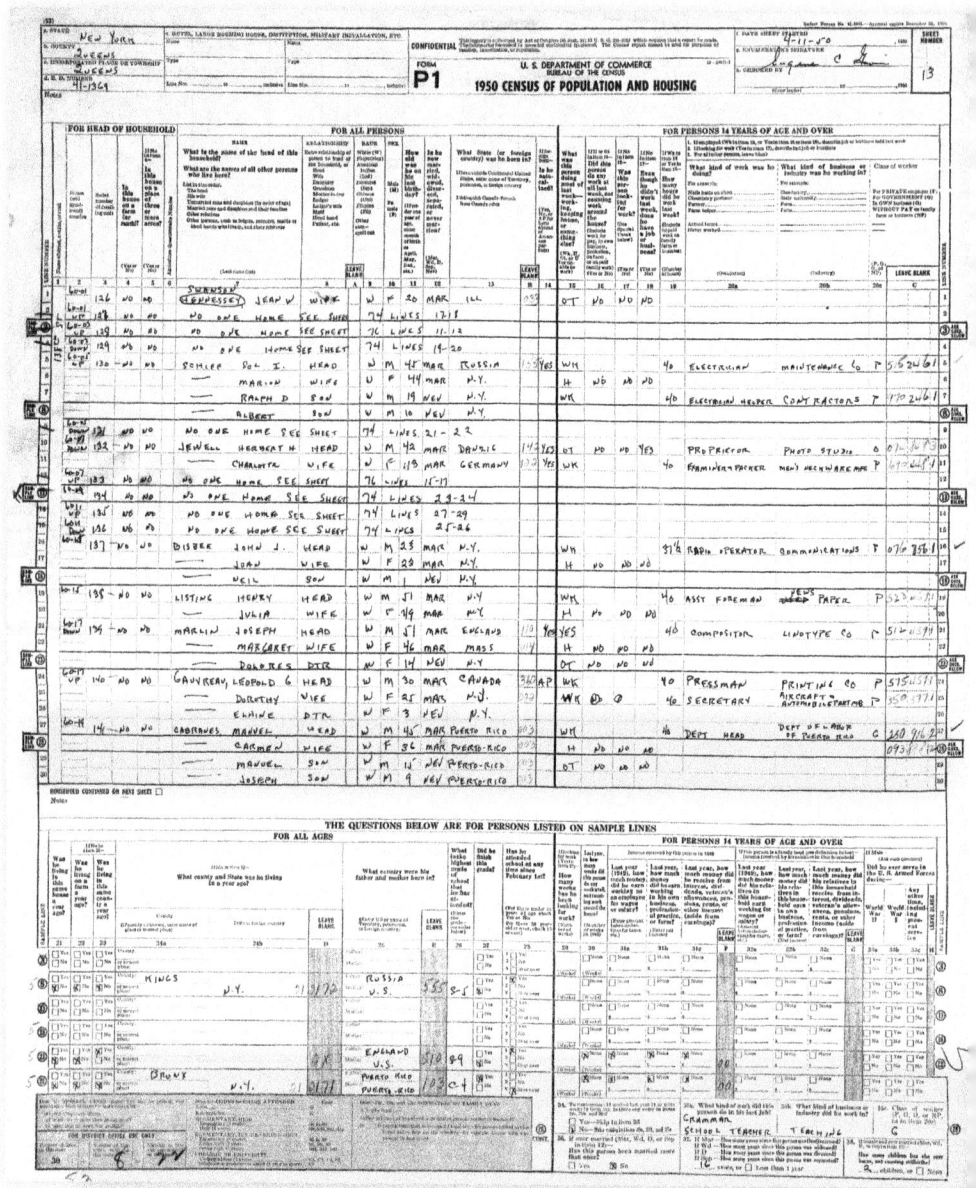

A5. Census Data, 1950.

APPENDIX A: SOURCES AND DOCUMENTS

Porto Rican Completes 3 Months' Field Training In Probation Department

MANUEL CABRANES, JR.

Manuel Cabranes, Jr., Won Scholarship to Fordham—Will Return to San Juan and Direct Welfare Service

A6. Sept. 18, 1932. The *Syracuse Herald* reports that Cabranes has completed his social work training at Fordham.

NUEVO DIRECTOR

El señor Manuel Cabranes, nombrado recientemente director de la Escuela Industrial Reformatoria de Mayagüez. El señor Cabranes ha participado durante años en distintas actividades relacionadas con el desarrollo juvenil de la Isla.

A8. June 27, 1940. *El Mundo* reports Cabranes's appointment as the new Director of the Industrial School for Boys in Mayagüez.

A7. Nov. 1937. Excerpt from a study published by Cabranes, in his capacity as Secretary of the Child Welfare Board of the Puerto Rico Department of Health, in the *Bulletin of the Department of Health*.

STUDY OF 101 DEPENDENT CHILDREN IN ARECIBO, P. R.

By MANUEL CABRANES, S. W.
Secretary of the Child Welfare Board.
(Dept. of Health, Puerto Rico.)

The following study was made in April 1935 at the request of the Arecibo Chapter of the Child Welfare Board, which, recognizing the problem of begging on the streets by children, realized the necessity for making a plan which would eliminate this evil.

A committee was formed composed of Mrs. Carmen O. de Aponte, Mrs. Laura P. de Muñoz, Mrs. Justa de Marín, Rev. de la Rosa, Hon. Arcilio Alvarado, Mr. José Prados Herrero, Mrs. Angelina G. de Marín; Miss Rosa C. de Marín, to study the situation. In order to know how best to meet the needs of this group of dependent, neglected, and delinquent children, a census was made of the children who were found on the streets and a visit was made to each home.

A9. July 1944. Cabranes at U.S. Probation Officer Training, Connecticut State Teachers College (Danbury, CT). He is in the second row, center left—one of the few wearing a suit and tie.

A10. 1945. Jesús T. Piñero, Resident Commissioner of Puerto Rico (1945–46) and first Puerto Rican appointed Governor of Puerto Rico (1946–1949). Manuel Cabranes served in the Piñero administration and the administration of Piñero's successor, Luis Muñoz-Marín.

Officials Worried by Influx Of Migrant Puerto Ricans

By ALBERT J. GORDON

Puerto Ricans, seeking work, are arriving by plane and ship at the rate of more than 2,000 a month to augment the estimated 600,000 already here. The situation is causing the New York City authorities increasing concern because of the housing, health and other problems involved.

Three airplanes, one landing at the Newark airport, the two others at the field at Teterboro, N. J., brought seventy-four migrants to New York yesterday. The Newark plane brought twenty-seven passengers, each of whom paid $72 for the privilege of making the fourteen-hour trip over more than 1,000 miles of water. The

A 'BUCKET SEAT' PLANE ARRIVES FROM PUERTO RICO

The interior of aircraft after passengers debarked at Newark yesterday.

SATURDAY, AUGUST 2, 1947.   The New York Times

A 'BUCKET SEAT' PLANE ARRIVES FROM PUERTO RICO

The interior of aircraft after passengers debarked at Newark yesterday

OFFICIALS WORRIED BY MIGRANT INFLUX

Continued From Page 1

Trips at the lower fares are made generally in the so-called "bucket seaters," and the trips are long, tiresome and many times uncomfortable. Some have to stand for the entire trip.

No immigration problem exists when Puerto Ricans decide to travel to the United States, because they are American citizens. The majority of migrants arrive by steamship. About 700 land here every week. The migrants usually get jobs in the needle trades, restaurants, as service workers in buildings or in helping crews clean ships. Many save up enough money to return to Puerto Rico for a while. They repeat the cycle from time to time.

Arriving in New York, the vast majority of the migrants, many of them destitute and ill, take up their abode with other Puerto Ricans who already live in overcrowded quarters in the highly congested area known as "Little Spain" or "Spanish Harlem."

This area is between First and Fifth Avenues, from East Ninety-seventh Street to East 116th Street. The migrants already have invaded the district in the Central Park West area from 100th to 110th Street, along Columbus and Amsterdam Avenues; in the Bronx; along Jackson Avenue in the Bronx; in sections of Washington Heights and in the Atlantic Avenue area in Brooklyn. In Manhattan they are beginning to spread out in the lower East Side, from Fourteenth Street down to the lower end.

Leaving the plane after 14-hour trip

Most of Them Stay Here

The authorities from the Mayor down are troubled because of the relief, unemployment and other factors involved. Comparatively few of the Puerto Ricans go to places other than New York. Some have gone to Chicago and Philadelphia, but in the main they remain here.

Not a few of the arrivals become hospital cases. Within a day or two after arrival, many of the migrants seek assistance from the City Welfare Department. The case loads of the Harlem Welfare Centers have become larger from week to week in the last two years. The relief rolls in Harlem have grown and names are added daily.

The police and the welfare workers have reported that as many as fifteen or eighteen have crowded into three or four small, unlighted, airless rooms.

"There is a serious moral breakdown in this section," an east Harlem police official said.

Charges have been made that many of the migrants continue on relief while they return to Puerto Rico. Their checks are mailed to them by those with whom they make their homes.

Many of Them Vote

At election time the Puerto Ricans register by the hundreds. As "Little Spain" is in the Congressional district of Vito Marcantonio, he has been able to benefit by the extra registration.

The registration problem is easily overcome. One year in the county and thirty days in the district are the qualifications for a voter, but every Puerto Rican who wants to register is able to give proof through witnesses, other Puerto Ricans, that the law has been complied with.

The Puerto Rican Government Information Bureau here, 2 Park Avenue, explained many Puerto Ricans come here because life in Puerto Rico is not much above starvation level. About 85 per cent of the island's 400,000 families have an income of only a few hundred dollars a year.

The Puerto Rican Government has realized the seriousness of the migration problem and is ready to act. Inquiry disclosed that the Commissioner of Labor in Puerto Rico is working for the establishment of a labor office in New York to channel arriving Puerto Rican workers to areas where they are needed.

In the last week or two, some of the Puerto Rican arrivals were sent to New Jersey where they are helping farmers in harvesting tomatoes.

Representatives of the Puerto Rican Cultural Society, 145 East 103d Street, said the organization is doing its best to ease the plight of the Puerto Ricans here. They deplored the crowded living conditions, but they pointed out that not much can be done to ease the problem until the general housing situation improves.

A11. OPPOSITE BOTTOM, ABOVE Aug. 2, 1947. Articles like this *New York Times* feature highlighted some New Yorkers' growing anxieties with what became known as the "Great Puerto Rican Migration." One illustrative passage: "Arriving in New York, the vast majority of them migrants, many of them destitute and ill, take up their abode with other Puerto Ricans who already live in overcrowded quarters in the highly congested area known as 'Little Spain' or 'Spanish Harlem.'"

A12. Oct. 31, 1947. *The New York-World Telegram*'s articles about the "Puerto Rican problem" engendered great controversy.

A13. June 2, 1948. *El Mundo* reports Cabranes's appointment to New York's Youth Committee.

A14. La Casa Melrose

A15. July 1949. Reception for Puerto Rican Governor Luis Muñoz-Marín, held at Gracie Mansion in New York City. Left to right: Manuel Cabranes; Inés Mendoza de Muñoz-Marín (then First Lady of Puerto Rico); Governor Muñoz-Marín; Carmen López de Cabranes.

CITY ACTS TO HELP ITS PUERTO RICANS

Mayor to Name Advisory Unit for Constructive Improvement as Proposed by Hilliard

RELIEF STAFF TO ADD 50

Social Investigators Speaking Spanish to Be Appointed—Slur on Migrants Charged

By PAUL CROWELL

Mayor O'Dwyer announced yesterday that he would swear in at City Hall on Friday the members of an Advisory Committee on the Puerto Rican Problem. The committee's job will be "to formulate and activate a program for constructive and comprehensive improvement of New York's Puerto Rican community."

A16. Sept. 12, Oct. 3, and Oct. 4, 1949. *The New York Times* reports on the Committee on Puerto Rican Affairs, also known as the "Advisory Committee on the Puerto Rican Problem," on which Cabranes served as vice-chairman.

CITY PUERTO RICANS FOUND ILL-HOUSED

Crowded Conditions, Race Bias Are Seen as Reasons for the Social Problem

HOMES ARE KEPT CLEAN

Despite Ugly Surroundings, Social Worker Says Women Are Instinctively Tidy

By CHARLES GRUTZNER

Disease, filth and crime are serious problems in Spanish Harlem and those other Manhattan, Brooklyn and Bronx slums where most of this city's estimated 350,000 Puerto Ricans are crowded.

Social workers and public officials, expressing deep concern with these ugly factors, said yesterday that there was as much disease, dirt and crime in some other squalid sections having few or no Puerto Ricans.

CITY PUERTO RICANS: COMPLEX PROBLEM

Their Task of Adjustment to Life Here Seen Greater Than That of Europe's DP's

MANY MYTHS EXPLODED

Less Than One-third Are Living in 'Spanish Harlem'—Relief Rate Is Double City's

By CHARLES GRUTZNER

The Puerto Ricans in New York, whose number is a guess between 160,000 and 600,000, are the displaced persons of the Western Hemisphere. A study of their problems showed yesterday that these refugees from an overpopulated tropical island, where the average wage is $14.28 a week, have more trouble adjusting to this city's life than do the survivors of Europe's concentration camps.

So much concern has developed over the local problem, which has been presented in lurid magazine articles and syndicated columns through the country, that Mayor O'Dwyer has appointed a committee of forty-seven New Yorkers to seek remedies. Raymond M. Hilliard, Commissioner of Welfare, is chairman of the committee, which will have its first business meeting tomorrow.

AID PLAN OUTLINED FOR PUERTO RICANS

Cabranes, Top Official in City, Urges More Use of Spanish in Public Institutions

Manuel Cabranes, the top official of the Puerto Rican Government in this city, discussed yesterday his proposals for meeting New York's Puerto Rican problem.

Mr. Cabranes is director of the local office of the employment and migration bureau of the Puerto Rican Department of Labor. He will be sworn in tomorrow at City Hall with other members appointed by Mayor O'Dwyer to an Advisory Committee on the Puerto Rican Problem.

Enthusiastic over the Mayor's announcement that fifty Spanish-speaking social investigators soon would be added to the Welfare Department, Mr. Cabranes said he would ask the new committee to recommend an extension of this policy to ther city agencies, notably schools, hospitals, clinics and health centers in areas of large Puerto Rican population.

Clearing House for Problems

Mr. Cabranes outlined, in an interview at the bureau offices, 1881 Broadway, other proposals that he will lay before the committee. The second-floor loft, to which 1,000 Puerto Rican residents of this area come each month, is a clearing house for their problems.

The official suggested that instruction in English be integrated with trade courses in the vocational high schools so that a Spanish-speaking waiter quickly might be able to make his livelihood here and a carpenter might learn the English names of his tools. Another suggestion was that vocational courses now limited to persons already in certain trades be opened to newcomers in fields with labor shortages.

Other proposals are to publicize among Puerto Ricans the apprenticeship program of the State Employment Service, to improve health services, to increase play facilities in congested areas and to extend citizenship training through the schools for adults as well as children.

Criticism Discussed

Asserting that much recent criticism of Puerto Ricans here had sprung from exaggerated or untrue stories in some publications, Mr. Cabranes said:

"I do not wish to minimize the situation, but I want to say that similar conditions have existed and still exist among other underprivileged groups in New York."

The chief complaint, Mr. Cabranes continued, seemed to be that too many Puerto Rican families were on relief rolls. He said that his bureau and the Government in Puerto Rico were making every effort to integrate new arrivals in this city into the community and to make them self-supporting here as rapidly as possible.

The official's staff of sixteen is set up into employment, welfare and educational service units. The employment service has placed 8,000 Puerto Ricans in jobs this year—5,000 contract laborers brought here to fill a farm labor shortage and 3,000 men and women who qualify for a variety of specific jobs.

Brooklyn has more Puerto Rican residents than Harlem, and so has the Bronx, according to Mr. Cabranes.

A17. Sept. 25, 1949. *The New York Times* reports on Cabranes's policy proposals in his vice-chairman capacity on the Advisory Committee on Puerto Rican Affairs.

A18. Oct. 5 and 6, 1949. More *New York Times* coverage on the "Puerto Rican Problem." Cabranes is quoted in the leftmost article as saying that he would seek Federal aid to education in Puerto Rico.

SERVICES EXTENDED FOR PUERTO RICANS

City Departments Announce More Aid at Meeting of Mayor's Committee

By CHARLES GRUTZNER

An extension of services to New York's Puerto Rican population was reported yesterday by several municipal departments at the first meeting of Mayor O'Dwyer's Advisory Committee on Puerto Ricans.

At the same time, leaders and social workers among Puerto Ricans here asserted that more effective measures by the Federal and Insular Governments also were required to solve the problems created by the heavy migration to this city.

WORK IS LIMITED FOR PUERTO RICANS

But 90% Are Self-Supporting and They Meet Standards of Wages and Hours

By CHARLES GRUTZNER

Most of the Puerto Ricans who come to New York seeking a better life find their job opportunities here limited to dishwashing, day labor, unskilled factory work and other tasks on a low economic level. Despite the small earnings in such jobs, 90 per cent of the Puerto Rican families in this city are self-supporting.

A19. Apr. 21 and 25, 1950. *The New York Times* reports on the ultimately successful efforts of the Committee on Puerto Rican Affairs to extend Social Security to Puerto Rico. Cabranes is quoted in the rightmost article as noting that Puerto Ricans' lack of Social Security has compelled migration, while at the same time being sure to note elsewhere: "This does not mean that it is necessarily the poorest who migrate. On the contrary, we know that the states, and chiefly New York, are getting large numbers of Puerto Rico's skilled and semi-skilled workers. This saps Puerto Rico's strength and hinders her efforts to achieve self-support through industrial growth."

EWING OFF TO MAP PUERTO RICAN AID

Administrator to Plan Island's Social Security as Congress Approval Is Awaited

Oscar R. Ewing, Federal Security Administrator, will start today for Puerto Rico to lay out the organizational work for administering social security, which he expects Congress will extend at this session to our Caribbean possession.

CITY SEEKS U. S. AID FOR PUERTO RICANS

Mayor's Committee Urges Social Security Provisions for Virgin Islands Also

HELP WOULD BE AT SOURCE

Benefits Held Means of Easing Pressure on Migration—Rent Reduction Also Urged

The city administration called yesterday for help from Congress in easing the problems of Puerto Rican migration at their source by extending to this country's Caribbean citizens more of the benefits enjoyed by mainlanders.

Ex-Syracusan's Life Threatened

New York City police have been alerted to keep close watch on the Queens home of a former Onondaga county children's court field worker who has been threatened by Puerto Rican Nationalists.

An hour before the attempt on President Truman's life Wednesday, a terrorist threw two crude gasoline bombs into the Manhattan office of Manuel Cabranes, now director of the Puerto Rican labor office. In 1932 Cabranes worked here for Children's Court Judge Leo J. Yehle.

Police Posted

Police were posted at Cabrane's office yesterday and patrol cars in Queens were ordered to keep steady surveillance on his home.

Cabranes sought protection after receiving telephone threats to "really bomb" his office. The callers identified themselves as Puerto Rican Nationalists, The Associated Press reported, and called Wednesday's incident a warning.

The crude gasoline bombs failed to explode and about 50 persons in the office escaped injury. The bomb thrower fled. Cabranes said yesterday he turned down an offer of a bodyguard but was getting permission to carry a gun.

VISITED JUDGE YEHLE

The Puerto Rican official returned to Syracuse July 13 when he visited Judge Yehle, his one-time boss. Eighteen years ago, Cabranes, fresh out of Fordham university, arrived in Syracuse to work for Judge Yehle. After three months in the children's court service he was headed for bigger things—important positions in the insular service in Puerto Rico and the federal government in New York.

He is vice-chairman of the New York mayor's committee on Puerto Rican affairs. His work in the labor office not only includes supervision of the 10,000 migratory workers from his home island in this country but deals with social and educational activities among the 350,000 Puerto Ricans in the United States.

WANTS TO BE 49TH STATE

While visiting Judge Yehle in July, Cabranes told a reporter from The Post-Standard that Puerto Rico wanted to become a 49th state at one time.

"But we are better off now as a territory," he said. "Statehood would bring increased taxes and we need the money to build up the island."

FORMER SYRACUSE COURT WORKER THREATENED—Manuel Cabranes, right, director of the Puerto Rican labor office in New York city, has been given police protection from Nationalist terrorists. Above, he chats with Children's Court Judge Leo J. Yehle, for whom he once worked, during a visit here last July.

28 THE POST-STANDARD Friday, July 14, 1950

PUERTO RICAN OFFICIAL VISITS JUDGE—A former Onondaga county childrens court worker, Manuel Cabranes, right, recalled "old times" with Judge Leo J Yehle in the courthouse yesterday. Cabranes is now a top Puerto Rican official in this country

Former Aide of Yehle Visits Here as Puerto Rico Official

A20. July 14, 1950. *The Syracuse Post-Standard* reports on Cabranes's visit to his former boss at the Probation Department of the Syracuse Children's Court, Judge Leo J. Yehle ("Yesterday, the sun-tanned Puerto Rican, with curly black hair flecked with gray, and a soft Spanish accent, stopped off in Syracuse to visit his former boss.").

Bomba "Molotov" Estalla. Oficina P. R. En N. Y.

NUEVA YORK, 2 de noviembre, (INS) — Un puertorriqueño que no ha sido identificado, lanzó 2 cocktails Molotov (botellas con liqui-

A21. Nov. 3, 1950. Both English- and Spanish-language press (here, the *Syracuse Post-Standard*, the *Long Island Daily Press*, and *El Imparcial*) reported on the bombing of Cabranes's office by Puerto Rican Nationalists.

FORMER SYRACUSE COURT WORKER THREATENED—Manuel Cabranes, right, director of the Puerto Rican labor office in New York city, has been given police protection from Nationalist terrorists. Above, he chats with Children's Court Judge Leo J. Yehle, for whom he once worked, during a visit here last July.

Marked for Death by Revolutionists

Marked for death by Puerto Rican Nationalists, who tried to assassinate President Truman Manuel Cabranes of 60-19 138th street, Flushing, spent a quiet evening last night with his two sons, while police patrolled outside his home. Cabranes is director of the Puerto Rican Department of Labor office in Manhattan, highest official of the island territory in this city. The boys are Manuel Jr., 15, and Joseph, 9. They spent the day in school yesterday ... Manuel at Flushing High and Joseph at P. S. 120. Their mother is in the hospital, having undergone a minor operation Wednesday, the day assassins tossed two bombs, both duds, into her husband's Broadway office.

APPENDIX A: SOURCES AND DOCUMENTS

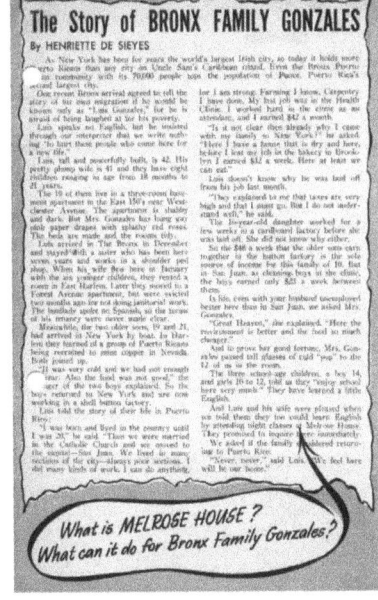

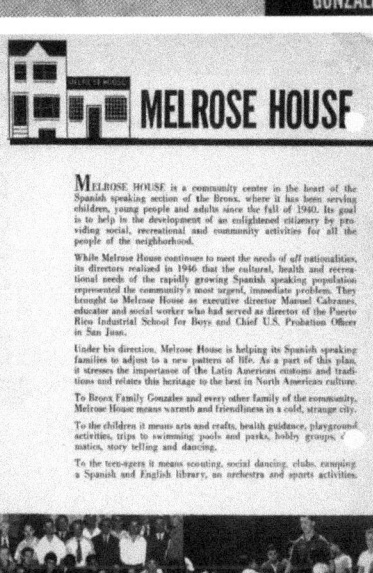

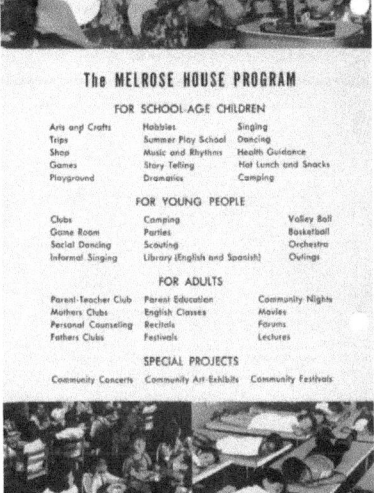

A22. *Like the Pilgrim Fathers: The Story of Bronx Family Gonzales.* Excerpts from Henrietta Sieyes's feature on Melrose House, the settlement house and community center for which Cabranes served as Executive Director.

CITY OF NEW YORK
OFFICE OF THE MAYOR
NEW YORK 7, N.Y.

VINCENT R. IMPELLITTERI
MAYOR OF THE CITY OF NEW YORK

TO ALL TO WHOM THESE PRESENTS SHALL COME - GREETINGS:

Know ye, That reposing special trust and confidence in the integrity, diligence and discretion of

MANUEL CABRANES

I have appointed him

MEMBER

MAYOR'S COMMITTEE ON PUERTO RICAN AFFAIRS IN NEW YORK CITY

and do authorize and empower him to execute and fulfill the duties of that office according to the law, and to have and to hold the said office with all the rights and emoluments thereunto legally appertaining unto him.

In testimony whereof, I have caused these Letters to be made patent and the Seal of the City of New York to be hereunto affixed.

Done in the City of New York, this 9th day of April in the year of our Lord, one thousand nine hundred and fifty-one.

Vincent R. Impellitteri

A23. April 9, 1951. Cabranes's commission from Mayor Impellitteri to serve on the Committee on Puerto Rican Affairs.

A24. ABOVE 1961 Celebration of the Feast of St. John the Baptist, patron Saint of Puerto Rico: By then an established Roman Catholic celebration analogous to (say) the much larger and older St. Patrick's Day, Cardinal Spellman is accompanied by Manuel Cabranes (behind the Cardinal's right shoulder) and other lay leaders who succeeded him as president of the Feast (from left): Mario Abreu, labor leader; Judge Emilio Nuñez, Judge Felipe N. Torres, and publicist and poet Juan Avilés.

BELOW June 1953. Cabranes served as first chairman of the Citizens' Committee for the Feast of St. John the Baptist. The Committee sponsored and organized the large annual feast day in June of Puerto Rico's patron saint, held in St. Patrick's Cathedral and on Randall's Island. Left to right: Henry L. McCarthy, then Deputy Commissioner of Welfare of the City of New York (and later Commissioner); Manuel Cabranes; unidentified man; Manuel Gomez (in rear), then Deputy Commissioner of the NYC Department of Marine and Aviation (and later a Justice of the Supreme Court of the State of New York); Julio Garzón, editor-in-chief of the Spanish-language daily *La Prensa*; Emilio Nuñez, then a Judge of the City Court of New York (and later a Justice of the Supreme Court of the State of New York and a member of the Appellate Division, First Department); unidentified man; Cardinal Spellman; Ramón Matos, New York Puerto Rican businessman and civic leader; NYC Mayor Vincent R. Impellitteri; three unidentified men; Raymond Hilliard, Commissioner of Welfare of New York City (previously, and later, the head of comparable offices in the City of Chicago).

A25. Nov. 8, 1954. Interview with Cabranes in *Ecos de Nueva York* on addressing the problem of juvenile delinquency.

A26. June 13, 1960. *The San Juan Star* reports on Cabranes being honored by Mayor Wagner for his services to New York.

APPENDIX A: SOURCES AND DOCUMENTS

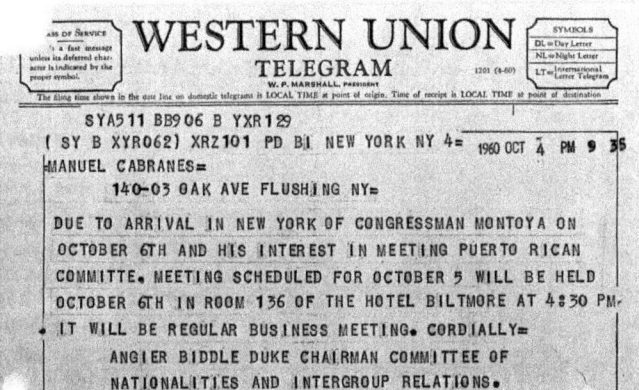

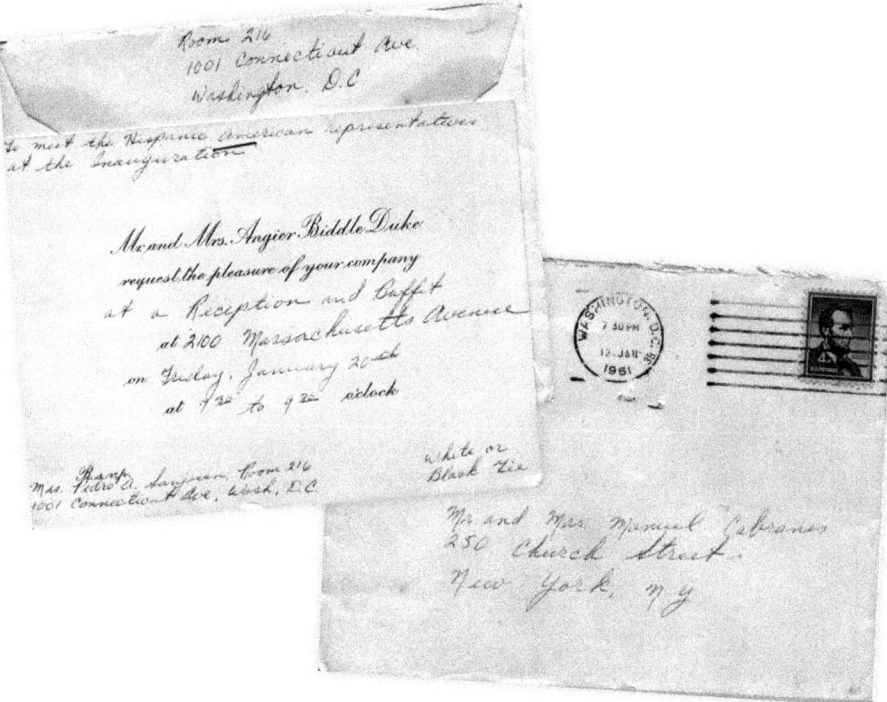

A27. Oct. 4 and Dec. 1960. Correspondence with Angier Biddle Duke, career diplomat and close associate of the Kennedys. TOP Telegram informing Cabranes of a meeting between Congressman Joseph Montoya (D-NM) and the Committee of Nationalities and Intergroup Relations of the Democratic Party.

BOTTOM Invitation to Manuel and Carmen Cabranes to attend the Inauguration Reception of President John F. Kennedy.

PERSPECTIVA

manuel cabranes
Vicente Géigel Polanco

¿Murió?... Sólo sabemos que se nos fue por una senda clara, hacia una luz más pura.

A. MACHADO

Con su muerte, acaecida el 30 de abril de 1979, en San Juan, Vicente Géigel Polanco traspasó, serenamente, el umbral de la inmortalidad. No podría ser de otro modo. Su ingente obra en pro de los trabajadores, de los pobres y de los marginados — la legislación social y obrera que él inspiró y que canalizó en su condición de dirigente parlamentario en el Senado de Puerto Rico está vigente. Para los millares de puertorriqueños que por este medio lograron su reivindicación. Geigel Polanco fue la esperanza, que no falló; el agente catalítico que facilitó su justicia.

Pero, si aquel servicio no bastare, ahi esta en innumerables libros, revistas y otras publicaciones, para conocimiento y juicio de futuras generaciones, su enorme producción literaria, en prosa y en verso. Y más importante aún: el testimonio de su acendrado amor a la patria y a la libertad.

Cruzado de la independencia política de su pueblo, mantuvo Geigel Polanco este ideal, con su verbo y su pluma, desde su temprana juventud, hasta el fin de su vida. Su espíritu dinámico, favorecido con una vasta y sólida cultura, le atraía a participar en infinidad de foros, de diversos tipos, tanto al nivel local como nacional e internacional. Y en esos círculos lució con excepcional distinción al exponer la tesis y/o discutir aspectos concomitantes de su ideal independentista.

Nació Géigel Polanco en Isabela, Puerto Rico, el 13 de junio de 1903, el mayor de una familia de nueve hermanos. Fueron sus padres Don Vicente Géigel Paredes y Doña Providencia Polanco. Fallecido su padre y cuando ya había terminado su educación elemental en Isabela, vino Vicente, con su familia, a residir en San Juan. A los 15 años de edad comenzó su educación secundaria en la Escuela Superior Central, de Santurce, donde pronto se manifestaron sus inquietudes literarias y libertarias y su bien definida aptitud para el liderato.

Una anécdota de sus días de estudiante en aquel plantel, la cual el propio Vicente se gozaba en recordar, fue la tremenda conmoción que causaron su fraterno compañero, Samuel Quiñones, y él al desplegar, subitamente, la entonces proscrita enseña puertorriqueña durante la solemne ceremonia de su graduación. Fernandito Cortés, célebre actor y productor cinematográfico recién fallecido, entonces estudiante en la Escuela Superior Central, se atribuyó luego el haber introducido al salón de graduación, oculta en una caja de violín, la bandera que allí se desplegara.

Terminada su educación secundaria, ingresó el joven Géigel en el Colegio de Derecho de la Universidad de Puerto Rico, donde se graduó de abogado. Allí, en el ámbito universitario, se nutre su gran talento para las letras y su imagen intelectual adquiere patente de legitimidad. Y a la Universidad habría de volver, pocos años después, en calidad de profesor de las Facultades de Derecho y Ciencias Sociales.

Por espacio de varios años, se desempeñó Géigel Polanco como asesor jurídico en el Departamento del Trabajo y durante su incumbencia realizó sus dos primeras obras, "Apuntes acerca de la Legislación Social de Puerto Rico" y "Legislación Social de Puerto Rico".

Mientras tanto, participaba Vicente en la política del país, junto a otros jóvenes intelectuales de vanguardia que propulsaban la causa independentista. A ese efecto, redactó y fue portador de un Mensaje de Puerto Rico a la Conferencia de la Paz en Buenos Aires, Argentina (1936). Esta y otras actividades Géigel irritaron a sus opositores hasta el punto que —según lo escuche en más de una ocasión de labios del superior de entonces, el Comisionado del Trabajo, Don Prudencio Rivera Martinez, amigo y admirador suyo— el Gobernador Blanton Winship pidió que se le destituyera. A esto se negó Don Prudencio, ofreciendo, en cambio, su propia renuncia al Gobernador, lo cual no fue aceptable para este último, permaneciendo Géigel en su cargo.

Uno de sus muchos logros cuando presidió Geigel Polanco el Ateneo Puertorriqueño (1939-42) fue la fundación del Instituto de Enseñanza Libre. Años más tarde, en ocasión de celebrar el Ateneo el centenario de su fundación (1976), se le confirió a Geigel el Premio de Honor de la docta casa, en reconocimiento de su extraordinaria obra literaria y ateneísta.

El hábil periodista que lo era este ilustre puertorriqueño fue, en períodos distintos, editorialista de La Democracia, el periódico fundado por Muñoz Rivera, e igualmente de El Mundo y El Imparcial. También dirigió El Diario de Puerto Rico y, en la ciudad de los rascacielos, El Diario de Nueva York.

En 1940 Géigel Polanco fue electo senador en la boleta del Partido Popular Democrático, agrupación que él había ayudado a fundar y al triunfo de la cual aportó su máximo esfuerzo. Actuando de Director Parlamentario en la Alta Cámara durante los dos cuatrienios subsiguientes (1941-48) demostró tanto talento y habilidad que el pueblo le llamó el "Cerebro Mágico". Elegido su líder, Luis Muñoz Marín, Gobernador de Puerto Rico en 1948, designó este a Géigel Procurador General, cargo equivalente entonces al de Secretario de Justicia. Géigel dirigió la cartera de Justicia con admirable prudencia.

Las relaciones entre Gobernador y Procurador General parecían ser de mutua comprensión. En ausencia del primero, asumía el segundo la Gobernación interinamente. En uno de estos períodos, recibió Géigel un pedido inaudito —supuestamente del líder nacionalista Pedro Albizu Campos, a través de una intermediaria que le visitara en Palacio— para que proclamara la República de Puerto Rico. De plano rechazó Géigel dicha petición, no sin señalarle a su interlocutora que, a pesar de su apoyo a la independencia, actuar contrario al juramento prestado sería una deslealtad a su jefe, el Gobernador, y un deshonor para si mismo.

El asalto nacionalista a La Fortaleza, llevado a cabo en 1950, sorprendió al Procurador despachando asuntos en la Oficina del primero, sintiendose ambos en inminente peligro de muerte.

De súbito, en 1951, el Gobernador destituye a su Procurador General y, poco después, hace que se expulse a Geigel del Partido Popular. ¿Cuál es el motivo de este abrupto rompimiento entre ambos? Dos versiones circularon. Una, la oficial, que la separación del Titular de Justicia obedecía a la insatisfacción del Gobernador respecto a la forma de bregar el Procurador con los serios desórdenes, ocurridos en aquellos días, en la Penitenciaría insular. Y con el nombramiento provisional de Jefe del Penal, extendido por el Procurador a un norteamericano, que resultaba haber tenido vinculaciones comunistas. La otra versión, que el Gobernador, habiendo rectificado su orientación política y abjurado el ideal independentista, debía desprenderse de Géigel. Es un hecho histórico que, ya en 1951, Muñoz Marín fomentaba la creación del Estado Libre Asociado.

Claros timbres de la valía intelectual de Vicente Geigel Polanco son, entre otros, los siguientes: Fundador y Secretario Perpetuo de la Asamblea de la Historia y miembro de la Academia Puertorriqueña de la Lengua Española y de la Academia de Artes y Ciencias de Puerto Rico; Miembro correspondiente Hispanoamericano en Puerto Rico de la Real Academia Española de la Lengua. Además, Fundador y Presidente (1964-68) de la Sociedad de Autores Puertorriqueños y Director de la Revista del Colegio de Abogados de Puerto Rico (1944-47). También, Premio de Cultura del Instituto de Cultura Puertorriqueño (1970) y Premio Jose Vascancelos, Mexico, 1977.

El extenso catálogo de las obras de este gran escritor, ensayista y poeta, habrá de enriquecerse en el futuro cercano con la publicación de sus producciones inéditas, algunas de las cuales están ya en imprenta. Esta fue la voluntad expresa del autor en los postreros días de su existencia.

Casado con Ana Lanuza —a quien glorifica en las preciosas composiciones de su libro, Cántico del Amor Infinito— fallecida ella hace ahora veinte años. De esta unión nacieron sus dos hijos: Ana Amelia, doctora en medicina y Vicente, Abogado de profesión este y actualmente miembro de la judicatura de Puerto Rico.

Tuve el privilegio de estar vinculado a Vicente Geigel Polanco por una larga, franca y fraternal amistad, que me permitió conocer, íntimamente, la sublime grandeza de su espíritu. Y admirar la moralidad de sus actos. Por ello, hay contento en mi alma al recordarle. Los grandes hombres, como el —cual los viejos soldados de la balada— no mueren. Solamente desaparecen.

PERSPECTIVA

EL NUEVO DIA-SABADO 26 DE JULIO DE 1980

Cómo conocí al Dr. José Celso Barbosa

Por MANUEL CABRANES

Viva está en mi recuerdo aquella experiencia. Fue en mi pueblo de Toa Alta en el año 1920, tocando el verano a su fin. Estimulado por un día claro de sol, salí de mi casa a media mañana con destino a la plaza de recreo. Allí, bajo algún almendro frondoso, disiparía mi tedio platicando con uno o más compueblanos de mi predilección. En las tertulias de aquel recinto se comentaba todo cuanto trascendía en el ambiente, ora serio o trivial.

—Con el triunfo de Santiago Iglesias y su Partido Socialista, aseguraba Marcelino Rosado, habrá confiscación y reparto de tierras y otros bienes.

Obras de Kropotkin y Dios sabe qué otro revolucionario, habíanle trastornado la mente a Marcelino, como a Alonso Quijano los libros de caballería. A tal extremo que Marcelino se había relevado de colaborar en la repostería de su señor padre, Don Francisco, para meditar en y propalar la causa del proletariado.

—El problema del hambre en Puerto Rico es de fácil solución. Sólo hay que sembrar sucesivas hileras de árboles de aguacate y panapén a lo largo de todas las carreteras del país. Esto decía y repetía en sendos foros el hombre bueno y servicial que era Don Ramón (el "colorao") Nieves, hábil tenedor de libros, metido a economista.

—De las aves, el conejo, afirmaba en cierta otra ocasión Julián ("Malena") Hernández, herrero de oficio y consumado gourmet, mientras exponía su preferencia relativa por diferentes carnes de aves. Mas, en justicia a Julián, debo consignar que, confundido por las pícaras miradas de los que le escuchábamos, se corrigió a sí mismo manifestando que, de hecho, el conejo no es un ave...

Cuando muchacho, sentía yo gran deleite en conversar con Marcelino, Don Ramón, Julián y otras figuras populares de mi pueblo. Y, pensando en toparme con alguno de ellos, caminaba en aquella ocasión hacia la plaza de recreo.

Pero, llegado que hube a la intersección de las calles Muñoz Rivera y Entrada (hoy Barceló) — en la mera esquina de la Farmacia de Don Celedonio Blanco— mi propósito de holgar en zarandajas se alteró súbitamente. Don Joaquín Ramírez, el Administrador de Correos, caballero muy querido y respetable, me detuvo para darme la noticia de última hora y hacerme una encomienda. Poniendo Don Joaquín sus manos sobre mis hombros, se entabló entre nosotros el diálogo que sigue:

—Manuelito, el Presidente del Partido Republicano, Tous Soto, estará en Toa Alta a las 2:00 de la tarde de hoy. Viene acompañado del Viejo.

—Y, ¿quién es el Viejo?

—¡Barbosa, muchacho! Y no podemos fallar en reunir un nutrido grupo de los nuestros que los reciba. Ambos, Tous Soto y Barbosa, pasaron por aquí temprano en la mañana, camino de Dorado y Toa Baja, de donde volverán después que almuercen con Don Pepe Nevares (Don José Nevares Landrón) y otros amigos. La reunión en Toa Alta será en la residencia de Don Antonio González Galvarín. Ayúdame. Mi condición de Postmaster me impide asistir, no obstante estar haciendo las invitaciones. Cuento contigo.

La expresión del rostro de Don Joaquín, unida al fervor de sus palabras y a su preocupación porque Barbosa fuera "bien recibido" no ofrecían otra alternativa que aceptar la encomienda que me hacía. Así se lo expresé y nos despedimos deseándonos mutuo éxito en la empresa.

De inmediato fui a ver al exalcalde Don Enrique Izquierdo, cuyo hogar estaba ubicado junto a la misma intersección. Don Enrique ya tenía conocimiento de la visita y había enviado un par de heraldos a pasar la voz por ciertas calles y en el aledaño Barrio Contorno.

—Manuelito, díjome Don Enrique, quiero tenerte a mi lado en esa reunión. ¿Conforme?

Mientras tanto, sigue adelante con las invitaciones.

Así lo hice.

A las 2:00 de la tarde la residencia de Don Antonio González Galvarín estaba repleta de público, que se desbordaba frente al inmueble. Una multitud compuesta en su totalidad de hombres de diferentes edades y niveles económicos (a las mujeres no se les había extendido aún la franquicia electoral). Puntualmente llegaron allí en automóvil el Dr. José Celso Barbosa y Don José Tous Soto, siendo recibidos con gran alborozo. Don Enrique se adelantó a estrechar las manos de los distinguidos huéspedes y otras personas hicieron lo propio.

En el ínterin, el público respondía a sucesivas vivas al Dr. Barbosa, a Tous Soto y al Partido Republicano.

Pronto se restableció la calma.

Don Enrique dio la bienvenida al Dr. Barbosa y a Tous Soto, a nombre de la concurrencia y de todos los demás seguidores que, por distintos motivos, no habían podido estar presente. Y dirigéndose al Dr. Barbosa en palabras saturadas de cariño y emoción, le manifestó que el público estaba ansioso de escucharle.

El Dr. Barbosa —alto, delgado y esbelto; de tez morena; cabellera corta, cubierta de canas, y usando espejuelos ovalados en montura dorada —se levantó para hablar. La concurrencia, como movida por un resorte, hizo lo mismo y le aplaudió. Entonces el prócer, con su vista puesta en el público, expresó su satisfacción por la asistencia de tantos amigos en aquel acto improvisado. Y refiriéndose a la presencia de los republicanos "históricos", que dijo advertir en el conjunto, hizo especial mención de Don Enrique. Con extraordinaria facilidad de palabra y en lenguaje sencillo, expuso el Dr. Barbosa que su visita tenía un doble propósito. Primero, estimular la participación de los correligionarios de Toa Alta en la justa electoral que culminaría en noviembre próximo. "No les anticipo que habremos de triunfar, pero sí que haremos unabuena demostración", dijo. Segundo, presentar al Lic. José Tous Soto, paroquien pidió apoyo y cooperación. Más adelante, en el instante en que invitaba a Tous Soto a dirigirse al público, el Dr. Barbosa se refirió al Presidente del Partido en éstas o parecidas palabras: "Es tan activo y leal republicano que nuestros adversarios ya le llaman el turbita".

Don José Tous Soto —de mediana edad y estatura; blanco; ojos azules e inmaculadamente bien vestido— habló por espacio de algunos minutos, con la propiedad y compostura que correspondían al letrado ilustre que era. Su mensaje fue bien recibido. Y nadie del público, menos aún su venerable mentor político y acompañante en aquella ocasión, había de imaginar que, antes de cinco años después, Don José Tous Soto sería elevado a la dignidad de Presidente de la Cámara de Representantes de Puerto Rico.

Al rememorar la experiencia de aquella tarde, comprendo que fue fortuna grande para mi ver, escuchar y contemplar a sólo unos pasos de mi asiento al padre del ideal de la Estadidad para Puerto Rico, el Dr. José Celso Barbosa. Fascinado estuve con su presencia durante la jornada. Y aún me parece percibir el calor humano y la simpatía de su aura.

Un año después (1921) moría en San Juan el Dr. Barbosa, un titán de la libertad de su pueblo.

A28. May 19, 1979 and July 26, 1980. Cabranes's remembrances, published in *El Nuevo Dia*, of Vicente Géigel-Polanco, a founder of the Popular Democratic Party, Attorney-General of Puerto Rico (1949–1951) and lifelong proponent of peaceful transition to independence, and Dr. Barbosa, founder of the statehood movement.

ON·THE·NOMINATION·OF·THE·FACULTY·OF·THE
COLLEGE·OF·EDUCATION
THE·TRUSTEES·OF·THE
UNIVERSITY·OF·PORTO·RICO
HEREBY·CONFER·UPON
Carmen López Rosa
THIS·NORMAL·DIPLOMA·IN·TOKEN·OF·COMPLETION·OF·THE·REQUIRED
General
COURSE · OF · STUDY · · · IN · TESTIMONY · WHEREOF · THIS · CERTIFICATE
HAS · BEEN · SIGNED · BY · THE · PROPER · OFFICERS · OF · THE · UNIVERSITY

GIVEN·AT RIO·PIEDRAS · PORTO·RICO·THIS TWENTY·EIGHTH DAY·OF MAY
IN·THE·YEAR·OF·OUR·LORD·ONE·THOUSAND·NINE·HUNDRED·AND THIRTY.

A29. The diploma of Carmen Lopez ("López Rosa" in the traditional Hispanic form including the surname of the mother following that of the father) from the College of Education of the University of Porto (sic) Rico, dated May 28, 1930. The incorrect spelling was employed by Congress when the island became an American colony under the Treaty of Paris of 1898. The correct spelling appears in the seal of the University and was at last corrected by Congress in 1932.

A30. Voting security has been a universal goal in Puerto Rico since the 1940s, and has included a detailed, laminated voter identification card to be shown at the voting site. This was the voter card of Manuel Cabranes at the time of his death.

APPENDIX B

Original Spanish (español original)

Índice

1. Los primeros automóviles y otros sucesos 158
2. Postales de mi pueblo: De mi afición a los gallos y recuerdo de Doña Cruz 163
3. Cuatro ministros y un parque de recreo 166
4. Camino de San Juan 175
5. En pos de nuevos horizontes 183
6. De cómo llegué a Nueva York 187
7. De cómo pasé dos años de estudiante en Nueva York 193
8. En Syracuse 201
9. Abrojos del camino 203
10. De los primeros pasos en Nueva York 206
11. Melrose House 210
12. Melrose House – Y el impacto de la Gran Migración 216
13. De cómo fui a dirigir la oficina de empleo y migración 223
14. De la Oficina de Empleo y Migración 227
15. Frutos de una traición: De la constante persecución que contra mí mantuvieron el Comisionado y sus socios 239
16. Epílogo 252

Coda: Carta de Manuel Cabranes para José A. Cabranes (1961) 253

I

Los primeros automóviles y otros sucesos

De aquel licenciado Antonio López del Valle ("Toñito López") – primogénito del que fuera rico hacendado, Don Antonio López, y de su amabilísima esposa, Doña Rudesinda ("Uva") del Valle – conservo un imperecedero recuerdo. Y no es para menos, pues a él debo mi primer paseo en automóvil. Ello sucedió así:

Había dado comienzo, momento antes, un gran "baile de sociedad" en el casino, ubicado éste en la planta alta del edificio que ocupa actualmente el establecimiento comercial de Leopoldo ("Poldín") Díaz Alfaro. El bullicio era enorme en todo aquel recinto. Los acordes de la orquesta, venida expresamente de San Juan, se mezclaban con las voces y carcajadas de los participantes en el acontecimiento y con el sonido intermitente del destapar de botellas de champaña en la cantina.

Cuatro o más chiquillos, entre los ocho y diez años de edad, permanecíamos frustrados a la entrada del casino en espera de un descuido del portero para escurrirnos escalera arriba a novelerear el baile. En vano lo habíamos intentado colocándonos entre un grupo de invitados en el cual figuraban Don Modesto Archilla y sus hijas, el Alcalde Ricardo Roca, Manolín López del Valle y los hermanos Pepe y Arturo Izquierdo, entre otros.

La figura de Don Modesto se destacaba en el conjunto, como habría de sobresalir más tarde en el baile mismo. Según mi padre, era Don Modesto el perfecto y más elegante bailador jamás conocido. A sus amigos más jóvenes – mi padre entre ellos – les enseñaba Don Modesto a bailar la polca y el lancero. Y a fe que tenía yo un gran deseo de ver a Don Modesto bailar.

En aquellos afanes me encontraba en compañía de los mencionados chicos cuando apareció junto a nosotros el flamante automóvil del licenciado Toñito López, conducido por su chófer de San Juan, donde Toñito era miembro de la Cámara de Delegados.

Alto, delgado, vestido de negro, con chaleco, rápidamente se desmontó Toñito de su automóvil para subir al baile. Mas, notando la curiosidad mía y de mis amigos por el automóvil, que veíamos por primera vez, se dirigió al chófer, diciéndole:

— Dale unas vueltas alrededor de la plaza a estos muchachos y vuelve aquí.

Y ni lerdos ni perezosos, saltamos todos dentro del automóvil para dar el paseo que su bondadoso dueño había dispuesto para nosotros.

Muchos años han transcurrido desde entonces, pero jamás he olvidado tan inesperada como grata experiencia. Ni tampoco, naturalmente, el gesto generoso del licenciado Antonio López del Valle hacia unos chiquillos compueblanos suyos.

Este episodio de mi vida ocurrió allá para el año 1912. Y debo señalar, a manera de posdata, que el licenciado en derecho López del Valle fue el padre de Toñito López Nevares, quien, años después, fuera mi alumno en la Escuela José Pablo Morales, donde me desempeñé de maestro elemental.

Definitivamente, el citado automóvil fue el primero que recuerdo haber visto en Toa Alta o en lugar alguno. Debo mencionar, no obstante, otro automóvil que apareció en mi dicho pueblo en aquellos mismos días. Pertenecía este segundo vehículo al Dr. Simón ("Simonsito") Moret Muñoz, personaje por demás interesante, que era allí el médico de beneficencia municipal.

Corpulento, de carácter franco y jovial, el Dr. Moret era hijo de Don Simón Moret Gallart, que fuera Alcalde de Ponce, y sobrino del patricio, Don Luis Muñoz Rivera. Recién llegado de Estados Unidos, donde cursó la carrera de medicina, vino el Dr. Moret a Toa Alta a ejercer su profesión. Y aquí gozó de gran popularidad y estima. Porque si su señor padre, siendo Alcalde y falto de dinero, se despojaba de sus propios zapatos para dárselos al campesino que acudía a él en busca de ayuda para comprar unos zapatos – según lo escuché de gente que le conocieron – su hijo Simonsito sabía también cómo ganar amigos.

Recuerdo al Dr. Moret y a su automóvil porque poco faltó para que éste me arrollara frente a mi casa. No tuvo culpa el conductor del vehículo que lo era el propio Dr. Moret. El culpable fui yo, que, corriendo, traté de cruzar la calle cuando el automóvil se acercaba. El doctor logró frenar el vehículo y evitar el accidente. Y enseguida subió a mi casa a darle parte a mi madre de lo acaecido. La palidez de su rostro y su habla revelaban la emoción que sentía.

Aparte de aquel incidente, recuerdo al Dr. Moret por otros detalles de más interés general. Uno de éstos, las operaciones que practicaba en el balcón de la Sala de Socorro, ubicada frente a la plaza de recreo, a la vista de todos los que quisieran presenciarlas. Y otro, la verruga que, inesperadamente, le cortó, en plena calle, al tabaquero Damián Nieves. El cortar aquella verruga que colgaba junto a uno de los oídos de Damián era una manía del doctor, la cual tropezaba con la negativa del tabaquero.

- Deje que la gallina viva con su pepita, decíale Damián al doctor, siempre que éste le sugería la conveniencia de eliminar la verruga, para "mejorar" su apariencia.

Al fin, una tarde, mientras Damián, en cuclillas, conversaba con varios amigos – sin sospechar la presencia del Dr. Moret a su espalda – éste, súbitamente, le tumbó la verruga, al primer contacto de su bisturí. ¡Y qué grito de espanto el de Damián al sentir la incisión del bisturí y advertir la sangre que corría por su mejilla! Pero, lo que pudo haberse considerado una agresión agravada, con premeditación, no fue otra cosa que una ocurrencia, que celebraron el médico y el paciente y los que la observaron. Y Damián y el Dr. Moret continuaron siendo los mismos buenos amigos que habían sido.

Un acontecimiento que habría de tener enorme significación para Puerto Rico ocurrió el primer martes de noviembre de aquel año 1912. Me refiero a la elección de Woodrow Wilson para Presidente de Estados Unidos de América. La noticia le llegó a mi padre inesperadamente, con casi un día de retraso, por razón de los escasos medios de comunicación que entonces existían.

Había llovido torrencialmente. El río Plata, que corre por jurisdicción de Toa Alta, se había salido de su cauce, inundando las tierras bajas a sus márgenes. Y el más toalteño aún río Lajas, tributario del Plata, impedido de penetrar la fuerte corriente de éste, ofrecía un espectáculo similar. Estábamos presenciando la gran creciente anual de estos nobles ríos, la cual llamaba mi padre "de los muertos", por coincidir con la observancia del Día de los Difuntos.

A eso de las cinco de la tarde, el tiempo había mejorado. Y, cesado que hubo la lluvia, siquiera por un rato, mi padre me invitó a acompañarle a ver el ganado que tenía en una pequeña finca, aledaña al macelo municipal. Esta finca no era propiedad de mi padre, sino arrendada a Don Eladio Izquierdo Serrano, que fue, primeramente cura y después, doctor en medicina.

De regreso, terminada nuestra gestión, caminábamos contemplando los espacios verdes a ambos lados de la carretera, cuando nos topamos con el profesor de instrucción pública, Don Ángel ("Angelito") Sevilla, que transitaba en dirección opuesta, con destino a su hogar. Venía éste hecho unas pascuas – bajo paraguas, por si volviera a llover y dirigiéndose a mi padre le dijo:

— Manolo, ¡viva la Virgen, triunfó Wilson!

¡Qué súbita tristeza la que se reflejó en el rostro de mi padre! Como entusiasta republicano, esperaba él el triunfo de Teodoro Roosevelt, candidato del "Bull Moose". Mas, sin otra alternativa que corresponder, gentilmente, al saludo de su interlocutor, apenas si pudo hacerlo con una leve y fría sonrisa y decir éstas o parecidas palabras:

— Le felicito, Angelito. Debe estar Ud. muy contento.

Y alejándose rápidamente de Ángel Sevilla, que también apretaba el paso para llegar a su casa, púsome uno de sus brazos sobre mis hombros y, hablándome en voz baja, me dijo:

— Este sinvergüenza de Ángel Sevilla sólo ha querido molestarme.

2

Postales de mi pueblo: De mi afición a los gallos y recuerdo de Doña Cruz

De chico tuve yo viva afición a los gallos. Aprendí de mi padre a hacer gallos de papel, de distintos tamaños, los cuales llevaba a competir con otros similares de contemporáneos míos. Las postas eran las hojas numeradas del almanaque. Me deleitaba oír cantar a los gallos verdaderos – sobre todo temprano en la mañana, cuando despertaba de mi sueño – observarles dominar sobre el gallinero y, más aún verles pelear.

En mi recuerdo llevo el gallito camagüey que me trajo de regalo Juancho Torres, un agricultor de Barros (ahora Orocovis), a quien mi padre le compraba ganado. A pedido mío, mi padre preparó con esmero el gallito para contender en una justa. Lo alimentó con maíz solamente, le cortó las plumas de la espalda, los costados y el pescuezo; lo traqueó por espacio de varias semanas y lo puso a pelear, varias veces, con un chata, ambos ejemplares con las espuelas cubiertas. Mi padre sabía de gallos. Tuvo una gallera de su propiedad durante algunos años, hasta la llegada de los americanos, que prohibieron las jugadas de gallo.

La contienda formal de mi gallito se efectuó. Ni mi padre ni yo estuvimos presentes. Pero, la noticia que hasta mi llegó fue que mi gallito había perdido. ¡Cuánta pesadumbre la que me agobió siempre que recordé a mi gallito y el fin trágico que tuvo!

En el ámbito gallístico – pese a mi apego al gallito de marras – mis preferidos eran los pollos cuyas espuelas estaban por brotar o en "botones". Los manejaba mejor y, además, la presunción de daños recíprocos en combates con rivales en igualdad de condiciones era mínima.

A veces, los sábados por la mañana, salía de mi casa con un pollo bajo el brazo para echarlo a pelear en algún corral vecino. En previsión de que pudiera perderlo, le ataba al pollo una luenga cabuya, que me facilitaba recogerlo al instante.

En plan de aventuras de ese tipo, recorrimos en una ocasión otro chico y yo la calle del "Melao", sin lograr nuestro propósito. Frustrados llegamos al final de dicha vía deteniéndonos frente a la preciosa residencia de Doña Cruz López, ubicada a la vera del camino que entonces conducía a Santa Rosa.

Era Doña Cruz una dama elegante y respetable, vástago de una distinguida familia. Su residencia era un primor. Rosales fragrantes, al frente, y árboles frutales a su alrededor, adornaban aquella mansión.

Mi compañero y yo consideramos por un momento si entrar o no al corral de Doña Cruz y finalmente nos decidimos a hacerlo. Si no halláramos contrincante para el pollo que yo portaba – nos dijimos – al menos podríamos saborear las cáscaras de una o más naranjitas dulces que, se dice, Doña Cruz tenía en su patio.

No bien habíamos traspasado aquel corral y comenzábamos a saborear la cáscara de una naranjita, cuando Doña Cruz, que de seguro nos había estado observando, se presentó ante nosotros. Atemorizados habríamos puesto los pies en polvorosa. Mas, Doña Cruz, amablemente insistió en que la acompañáramos al interior de su residencia, conduciéndonos a la cocina-comedor. Su esposo Don Francisco (Pancho) Canino, con cara de pocos amigos, se hallaba sentado en una hamaca de fibras, cortando astillas para juntar la candela. Este Don Pancho era el mismo caballero que año tras año viajaba en calesa hacia los Baños de Coamo.

Doña Cruz, que no tenía hijos, se deshizo en atenciones para con nosotros, haciéndonos sentar en su mesa, desde donde contemplábamos el rico ajuar de la sala. A instancias suyas, saboreamos un dulce de mamey, hecho por ella, y aceptamos varias naranjitas que puso en nuestras manos.

– "Vuelvan por aquí, cuando lo deseen" –nos dijo – "pero no olviden primeramente venir a verme a mi."

Encantados del trato recibido y de la bondad de Doña Cruz, nos despedimos de ella. Luego, en el transcurso de los años, al encontrarnos en la calle Doña Cruz y yo intercambiábamos saludos de puro afecto.

Mi afición a los gallos fue pasajera, desvaneciéndose como las burbujas de jabón. No así mi respeto y admiración por Doña Cruz.

3

Cuatro ministros y un parque de recreo

Don Tomás Martínez fue el primero y, probablemente el más ilustrado de cuatro ministros protestantes que conocí en mi pueblo durante los dos primeros decenios del actual siglo XX. Los otros tres fueron, en el orden que los menciono, Don Juan del Río, Don José ("Pepe") L. Santiago-Cabrera y Mr. Howard T. Jason. Todos ellos realizaron fecunda labor religiosa y sus hogares fueron ejemplo de lo que debe ser la familia cristiana. Pero, al reverendo Jason le correspondió – como se verá más adelante en el curso de estos apuntes – añadir una nueva dimensión a su iglesia, con lo cual hizo una positiva contribución a la educación juvenil, sin distinción de credos.

De mediana estatura y muy activo, poseía Don Tomás una amplia y sólida cultura. Su voz era bien timbrada y era un gran orador sagrado. Antes de hacer su ingreso en el ministerio evangélico, había sido Don Tomás sacerdote católicoromano.

Mi padre se deleitaba escuchando a este ministro en sus interpretaciones de los pasajes bíblicos y predicando a su congregación en las noches de culto. Sentado en el balcón de nuestra casa, junto a mi madre, mi padre podía ver y oír a Don Tomás, pues el templo estaba directamente al frente, al otro lado de la calle.

Estaba Don Tomás casado con una dama sangermeña, de nombre Angelina, que fue amiga de mi madre. Había en la familia unos dos o tres hijos, uno de éstos la que luego fue (y aún es) celebrada actriz, Mona Martí.

Un episodio tragicómico ocurrió un sábado por la mañana mientras el ministro supervisaba el barrido y baldeo de los pisos del templo. El hijo mayor, un muchacho de cómo catorce años de edad, el cual parecía ser retardado mental, cayó en la acera del templo con dos baldes de agua que cargaba, uno en cada mano. El estrépito de la caída atrajo la presencia de Don Tomás, que, consternado ante el cuadro del muchacho tendido en el suelo, no hizo el más leve ademán de ayudarle a incorporarse. En cambio, con voz estentórea, le gritó: ¡¡Levanta, bruto!! Y dicho y hecho, el chico se levantó como mejor pudo y echó a caminar, no sin antes mirar a su alrededor, por si alguien le estuviera observando.

Aunque apenados por lo sucedido al muchacho, mi padre y yo que en el patrio de nuestra casa no percatáramos del suceso, hubimos de celebrar entonces (y en adelante) el ¡Levanta, bruto! de Don Tomás.

Algún tiempo después, murió Don Tomás, repentinamente, víctima de un infarto cardíaco, según oí decir a mis padres, regresando su familia a San Germán.

Los Del Río y los Cabranes fuimos vecinos y amigos durante los años que los primeros vivieron en Toa Alta y posteriormente. Todos o casi todos los hermanos Del Río – Manolo, Carmen Luz, Ruperto, José María y Salvador, este último contemporáneo mío

– fueron mis condiscípulos. Además, José María, Salvador y yo fuimos frecuentes compañeros de juego.

La familia Del Río, completa, estaba presente en el templo en ocasión de los servicios, que dirigía Don Juan, el pastor. La esposa de éste, Doña Edith Julien de Del Río – de descendencia anglosajona, oriunda de las Antillas Inglesas – tocaba el órgano y, junto a ella, varios de los hijos asistían en los cánticos. Los hijos participaban también, activamente, en la "Escuela Bíblica" y otras funciones de la Iglesia.

Durante la incumbencia de Don Juan Del Río, primero, y de su sucesor, el reverendo Santiago-Cabrera, que era primo hermano de mi madre, asistí puntualmente al servicio de Navidad del culto evangélico, en compañía de infinidad de otros chicos de mi edad. Allí vi, por vez primera, y continué viendo año tras año, el Árbol de Navidad, engalanado de luces y adornos en su pedestal. Allí conocí también a Santa Claus, personificado por el Dr. William Odell, entonces Superintendente de la Misión Presbiteriana en Puerto Rico, quien venía, expresamente, de San Juan para participar en el servicio y desempeñarse de Santa Claus. Terminado el programa navideño, con el Dr. Odell – digo Santa Claus – haciendo mutis, hasta el año próximo, salíamos todos en bandada, a saborear los dulces que se nos habían repartido.

Don Juan, que era un hombre entrado en años, renunció al ministerio y, con su familia, se trasladó a residir en San Juan Moderno, una urbanización que se construyera hacia el este de la actual Iglesia de San Jorge en Santurce. Allí les visitamos mi madre y yo.

Pepe Santiago-Cabrera – me refiero a él en esta forma familiar porque de adulto me unió a él una franca y cordial amistad – se distinguió por su dedicación al ministerio y sus sobresalientes cualidades de predicador y cantor. Durante su gestión pastoral, la congregación original creció considerablemente, fundándose, además, otra comunidad en el barrio Espinosa, de Dorado. Y otro logro notable fue la construcción del nuevo templo – un edificio de concreto, con facilidades de vivienda para el ministro y su familia – a sólo unos pasos de la iglesia original.

Para sus viajes a lugares contiguos y distantes, el pastor disponía de dos medios de transporte. Uno, su caballo "Baby", ejemplar de color bayo y cómodo caminar, el cual el predicador cuidaba con esmero. Y el otro, su motocicleta.

La madre de Santiago-Cabrera, la tía Loretito, que residía en Ciales, con su esposo, venía de tiempo en tiempo a visitarle. Dividía su estada entre la casa de su hijo y la nuestra. Lo propio hacía el padre, José Pilar Santiago, agricultor, que fuera Alcalde de aquella población. Las visitas de "Pilar" eran, por necesidad, menos frecuentes y de corta duración, generalmente de paso hacia San Juan o a su regreso. Y siempre pernoctaba en nuestra casa, con gran complacencia de mis padres.

La afición de mi padre por las historias bíblicas y los himnos evangélicos se satisfizo con las intervenciones del Rdo. Santiago-Cabrera en el templo, frente a nuestro hogar. Acompañando, en voz baja, a la congregación, aprendió mi padre la letra y la música de cuanto cántico tenía el himnario. Y, ocasionalmente, hacía referencia a pasajes que le escuchaba interpretar al ministro y tarareaba estrofas de algún himno. Lo que no pudo lograr él fue que mi madre compartiera aquellos intereses. Para ella, la interpretación del evangelio que hacía el sacerdote en la misa del domingo o de fiesta de guardar era definitiva. En lo de conservar su fe incólume, la actitud de mi madre era semejante a la del moro filipino, que se aleja cuando ve acercarse un misionero.

De Toa Alta pasó Santiago-Cabrera a Aguadilla, donde estuvo radicado por espacio de muchos años, en calidad de ministro de la Iglesia Presbiteriana de aquella ciudad. Luego fue Director de Educación Religiosa de la Iglesia Presbiteriana para todo Puerto Rico. Mientras actuaba en esa capacidad, me visitó él en mi hogar – en los predios de la Escuela Industrial para Jóvenes (Correccional)[1] en donde era yo Director – en compañía del eminente Dr. Ángel Archilla Cabrera, entonces Director de la Misión Presbiteriana de Puerto Rico. Santiago-Cabrera y Archilla Cabrera eran parientes entre sí y ambos lo eran de mi madre. El Dr. Archilla Cabrera era una destacada figura intelectual dentro del movimiento evangélico de Puerto Rico y un insigne orador sagrado. Yo le conocía por referencia y "de vista", pero no había tenido la grata experiencia de reunirme y conversar con él, amigablemente.

El reverendo Santiago-Cabrera, retirado ya de su ministerio, me visitó, por última vez en mi hogar en Flushing, Nueva York, donde fue huésped de mi esposa Carmen y mío durante la comida. De nuevo recordamos allí al Dr. William Odell, que ya viejecito, vivía retirado en el vecino estado de Nueva Jersey. Santiago-Cabrera le había dicho cómo recordaba yo su presencia en la Iglesia Presbiteriana, de Toa Alta, particularmente su actuación de Santa Claus. Esto, según mi interlocutor, había causado tan honda alegría al anciano ministro, que me invitaba a reunirnos en la sede de la Misión Presbiteriana en Manhattan, donde él visitaba una vez por semana. Lamento todavía que este encuentro

---

1. *Ver* Appendix A8. —*Ed.*

nunca se celebrara, por mor de mis compromisos profesionales de entonces.

Conversando con mi consecuente amigo, Santiago-Cabrera, después de la comida, le escuché una observación sobre mi Iglesia Católica que me dejó perplejo. Se refirió él a la mística del catolicismo, atribuyéndola, en parte, al plano y arreglo interior del templo – incluyendo la existencia de imágenes – y a modalidades del ritual. Confundido, permanecía yo mudo. Mas reflexionando en retrospectiva sobre lo dicho por el ministro – en particular, su alusión a las imágenes – me pregunto: ¿acaso no coincide, siquiera parcialmente la observación del reverendo Santiago-Cabrera con el pensamiento del tradicionalista Arzobispo francés Marcel Lefevre, opositor de la reforma en la Iglesia, llevada a cabo por disposición de los Concilios Vaticanos I y II?

Santiago-Cabrera estuvo casado felizmente con Myra Stevenson, a quien conoció cuando estudiaba para ministro en Indiana (EE.UU.). Su esposa le sobrevivió. Del matrimonio hubo tres hijos – Dwight, Parker y una niña, cuyo nombre no recuerdo. Dwight es un reputado médico, especializado en enfermedades del miocardio, que fuera Director del Hospital Presbiteriano en San Juan, en su juventud.

Un tablón con la palabra "Welcome", inscrita en su superficie y sostenido por dos rústicos cuartones, marcaba el acceso al parque deportivo, ubicado junto a mi casa. Chicos y jóvenes de ambos sexos frecuentaban aquel recinto, unos a iniciarse en y otros a continuar la práctica de su deporte favorito.

Durante varias semanas habían trabajado allí, afanosamente, el reverendo Howard T. Jason – recién nombrado ministro evangélico, sucesor del reverendo Santiago-Cabrera – ayudado por sus hijos, Roberto y Howard, y algunos jóvenes de la localidad.

El parque que el reverendo Jason había proyectado era ya una realidad. Y allí estaban él y sus citados hijos y las hermanas de éstos, Abigail y Juanita, prestos a dirigir la enseñanza de los deportes. En el parque sólo faltaba Doña Lena, la esposa del ministro, la cual permanecía en el hogar, atendiendo los quehaceres domésticos. ¡Admirable familia americana de color eran los Jason! Su estilo de vida sirvió de inspiración a infinidad de otras personas en mi pueblo. Por un lado el ministro con su integridad y dedicación y por otro Doña Lena con su fineza y elegancia de la dama sureña que era, se conquistaron el respeto de la comunidad. Y sus hijos fueron generalmente bien aceptados por sus convecinos.

Ocupó el parque deportivo un amplio espacio de terreno llano, propiedad de Doña Eloísa Senén Díaz, entre mi casa y un cerro de moderada elevación, situado frente al nuevo Templo Evangélico. En el parque hubo un diamante de béisbol, canchas de baloncesto, voleibol y tenis. Y espacios dispuestos para los juegos de croquet y herradura. Ocasionalmente se celebraban allí competencias de pista y campo y de carreras en sacos. En aquel parque aprendí a jugar todos los deportes mencionados, actuando de instructores el reverendo Jason o su hijo mayor, Roberto. Confieso, no obstante, que nunca sobresalí en ningún deporte.

Establecido allá para 1917, dicho parque fue el primer paso destinado a proveer la práctica de deportes organizados en Toa Alta. Y su operación añadió una nueva dimensión a las diversiones de grupo de los chicos de la época, consistentes en jugar el marro (escondite) o el burro (saltar sobre las espaldas de otros muchachos) y la peregrina. E ir a nadar en los lugares profundos, más cercanos, del Río de la Plata o del Río Lajas.

El reverendo Jason, que luego se trasladara a Corozal, y su hija, Abigail, enseñaron inglés por algún tiempo en la Escuela José Pablo Morales, a la cual yo asistía. Abigail continuó ejerciendo el magisterio en Palo Seco. Roberto Jason, que estudiaba en Estados Unidos, venía a casa de sus padres, de vacaciones. Para los años 60, era Roberto Jefe del Departamento de Bioquímica en la Universidad de Howard e intercambiaba saludos conmigo, a través de amigos mutuos. De Howard Jason, contemporáneo y condiscípulo mío, ni de Juanita nada supe después del año 1920, cuando fui a estudiar en Río Piedras.

Mis relaciones con el ministro continuaron aún después de fallecida su esposa. Estando él retirado y viviendo sólo en Corozal, le visité más de una vez, en mi condición de Oficial Probatorio del Tribunal Federal en San Juan. Era él una de mis fuentes confiables de información en aquella municipalidad.

Una anécdota que me relatara Leo Cabranes, que de niño y joven vivió en Corozal y fuera Alcalde de esta población, revela el temple moral del reverendo Howard T. Jason. Hela aquí:

Habiendo comparecido el ministro-deportista ante el Juzgado de Paz, de Corozal, por infracción a cierta ordenanza municipal, se declaró culpable. Y convicto que fuera, el magistrado le impuso una sentencia de tres dólares de multa o un día de cárcel por cada dólar que dejare de satisfacer. El magistrado y la audiencia esperaban que, allí y entonces, el ministro pagara los tres dólares de multa. Se equivocaron. El reverendo Jason rehusó hacer efectiva la multa, pidiendo, en cambio, que se le condujera de inmediato a la cárcel municipal. Asombrado el magistrado, quiso él mismo pagar la multa. Igual disposición mostraron algunas otras personas presentes. Todo fue en vano. El ministro pasó tres días y tres noches en la cárcel. Durmió en uno de los camastros destinados a los confinados y comió la comida que el Alcalde le sirviera a los presos. Y como en aquel tiempo los confinados debían ir a la calle a hacer limpieza, el ministro insistió en hacerla, junto a sus compañeros. De esa manera quiso purgar (y purgó) el reverendo Jason su culpabilidad, dando al mismo tiempo, una prueba de su humildad y sentido de igualdad humana.

4

Camino de San Juan

El coche se desplaza a moderada velocidad, tirado por el Zaino, el caballo de trote que mi padre comprara en "la altura", como él llama a la jurisdicción montañosa entre Corozal y Barros (luego denominado Orocovis). En el carruaje – una calesa liviana, de dos ruedas – viajamos mi padre y yo, con destino a Bayamón, a donde debemos llegar al filo de las 8:00 de la mañana. El viaje toma una hora y media y apenas hemos recorrido una pequeña fracción del trayecto. Nos hallamos ahora a la altura de "La Virgencita", un conocido establecimiento comercial en el sector de Media Luna.

No ha amanecido aún. Mas, los primeros destellos del alba comienzan a asomar frente a nosotros. La carretera está desierta. No hay tráfico de vehículos ni de peatones. Mientras cruzamos los espesos bosques adyacentes, propiedad de los Nevares, en el barrio Candelaria, le confío a mi padre mi preocupación de que haya "desertores" (prófugos de la justicia) por estos lugares.

— ¿Acaso no será en estos bosques donde se esconde el temible Águila Blanca?

Y sin esperar su respuesta prosigo con esta perorata:

– Según he escuchado de los más viejos, de Candelaria salió la "partida sediciosa", que una noche visitó Toa Alta, a la terminación de la guerra entre americanos y españoles. Cuentan los que tras las persianas o rendijas de sus casas observaron, atemorizados, a aquellos encapuchados, que blandían machetes, que la partida, no conforme con saquear la tienda de comestibles de Don Rafael Roca, magullaron a planazos de machete a Miguelito, uno de los hijos de este peninsular. Y estas fechorías se realizaron con impunidad. No hubo fuerza que se opusiera a tales desmanes, como se recuerda. Sólo un vecino, Don Francisco Maymí, provisto de una espada, que hizo sonar, par de veces, sobre el concreto de la plaza pública, llegó hasta los sediciosos, Y como nadie acudiera en su apoyo, tuvo Don Francisco que limitarse a convencer a aquellos hombres de que cesaran de martirizar a Miguelito y abandonaran la población.

Mi padre, confirmando la versión de la partida, me advierte que nada debemos temer. Aquellos hechos no podrían repetirse – me dice – porque existe una fuerza pública para impedirlos. Y para seguirle el rastro a los desertores.

Pronto nos acercamos a la casilla del caminero en el barrio Candelaria, dejando atrás la empinada cuesta del mismo nombre. En la casilla hay también un puesto de policía. A nuestra visita aparecen las extensas plantaciones de toronjas y piñas, los nuevos cultivos introducidos por "los americanos" y la empacadora de frutas de los Parkhurst en el barrio Hato Tejas. La empacadora radica al final de la cuesta de Florit.

4. CAMINO DE SAN JUAN

Respondiendo a mi pregunta de por qué a esta sección de la carretera se le llama cuesta de Florit, me dice mi progenitor:

- La casa de madera de dos plantas que ves a nuestra derecha era propiedad de un próspero comerciante de apellido Florit. Este ocupaba, con su familia, la planta alta de la casa y en los bajos operaba una tienda mixta – pulpería, géneros, calzado y ferretería – que era el mayor y más importante establecimiento en este sector, algo similar a La Virgencita. Florit murió, pero la tienda, que por espacio de muchos años fue punto de referencia en el camino, existe todavía. Ese es el origen del nombre de la cuesta.

Entre la tienda de Florit y la empacadora de frutas radica la casa de Doña Porcia, ubicada en un predio de terreno que su marido y ella dedican al cultivo de flores y plantas ornamentales, para la venta. Mi madre, entusiasta amante de las flores, ha visitado conmigo y mi hermana Carmen Ana a Doña Porcia, en diferentes ocasiones. Doña Porcia cobra cincuenta centavos por cada mata de trosas, prendida. Pero, a veces, generosamente, obsequia a mi madre con alguna planta, amén de servirnos refrescos a los tres.

Platicando con mi padre sobre estos y otros temas, salvamos la distancia entre las dos casillas de caminero y ya estamos próximos a entrar a Bayamón, por la calle de Toa Baja. A nuestra izquierda aparece "La Quinta" – hermosa residencia que fuera de los Tibó – bordeada por algunos árboles y palmas reales y un campo sembrado de yerba. Como invariablemente lo hago cuando paso frente a esa casona, la mira con curiosidad, recordando que, según me ha dicho mi madre, allí estuvo recluido durante varios meses su hermano y tío mío, Manolín Velilla. Era éste joven y soltero cuando contrajo tuberculosis, enfermedad que segara las vidas de tres de sus hermanos – Mariano, Joaquín y Paquita – en plena juventud. El Dr. Agustín Stahl, que a la sazón residía en Bayamón, persuadió a mi tío Manolín a trasladarse a esta ciudad, de suerte que estuviera bajo su inmediato cuidado. Y mediante el descanso, la buena alimentación y sabe Dios que otro tratamiento, logró el Dr. Stahl salvarle la vida.

Cubierto el trayecto de la calle de Toa Baja, pasamos el puente sobre el río Bayamón, que cruza la ciudad, y doblamos a la izquierda para llegar a la cochera de Carlos Rodríguez, donde permanecerían el caballo y la calesa hasta nuestro regreso de San Juan. Mi padre prefería la cochera de Carlos Rodríguez a la de Domingo Luiña porque en la primera "cuidan mejor del caballo". Pero, a veces, veíase obligado a dejarlo en la cochera de Luiña, ubicada a la salida de Cataño, cuando Carlos no tenía cupo.

La cochera de Carlos Rodríguez está en las inmediaciones de una casona, que sirvió de planta a una fábrica de fósforos. Y años después que fracasara dicha planta, se instaló allí la primera escuela superior de Bayamón.

A paso ligero caminamos de la cochera a la estación del tren, que nos conduciría a Cataño. Pasamos frente al edificio de La Colectiva, la fábrica de cigarros, sucursal de otra del mismo nombre ubicada en Puerta de Tierra. Operan estas fábricas bajo la razón social de Puerto Rican-American Tobacco Company. La terminal del tren en Bayamón está junto a la Escuela John Marshall y, contiguo a la primera, se halla el almacén de carga. El tren tiene coches de primera y segunda clases. La máquina que lo arrastra trabaja con carbón de piedra, que produce una intensa nube de humo negro, capaz de ensuciar la ropa de todos los pasajeros. Para evitar esto, el conductor se asegura que tanto las puertas como las ventanas de los coches permanezcan cerradas. Son en realidad dos trenes, que caminan en direcciones opuestas y se cruzan en el trayecto.

Algunos treinta minutos más tarde estamos en Cataño, al final de la Calle del Tren, junto a la bahía. Hay aquí otra terminal, más pequeña que la de Bayamón, donde se sirven refrigerios.

El "Pepita", un ferryboat de la empresa Línea Férrea del Oeste – que también opera el tren – no se hace esperar. Es una embarcación de dos niveles, la cual transporta pasajeros y furgones. El vapor lleva el nombre de una de las hijas del presidente de la empresa, Don Ramón Valdés. En la dársena puede verse otra embarcación similar, ya retirada del servicio, con el nombre de "Encarnación", la otra hija de Valdés.

La citada Línea Férrea del Oeste, con su tren y vapor, y un gran número de botes de vela con base en Cataño, que surcan la bahía con los medios comunes y corrientes de transportación entre Bayamón y San Juan. Las lanchas pequeñas, de motor, y la apertura de la carretera San Juan-Bayamón, vendrían poco después.

En el mismo muelle de San Juan comienza mi padre sus gestiones de negocio. Un carrito tirado por caballo conduciría los atados de cueros de res a la tenería de Don Gabriel Palerm, ubicada al fondo de la Calle Estado en Miramar. Un carretón de mano llevaría uno o dos barriles de sebo de res, procesado, a la casa de Don Antonio Pizá, situada en la Calle Fortaleza, frente a la tienda Los Muchachos. Ambos cargamentos vinieron consignados el día anterior a Dolores, un botero de Cataño, natural de Toa Alta, para su traslado a San Juan. A paso rápido sigo a mi padre hasta el establecimiento de Pizá, donde éste le extiende el cheque correspondiente. Aún me parece ver a Don Antonio Pizá, un señor grueso, de mediana estatura, trepando en un taburete frente a su escritorio, preparando el cheque que entregaría a mi padre. Y enseguida a tomar el tranvía hacia Miramar, donde nos aguarda una caminata por la Calle Estado. Recogido de manos de Don Gabriel el cheque que cubre el importe de los cueros, volvemos a San Juan en el tranvía.

De vuelta a San Juan, mi padre cambia los cheques ora en la Casa de Ezquiaga (calle San José, esquina de Fortaleza) ora en el Banco Territorial y Agrícola, donde conversa brevemente con el gerente, Don Manuel Paniagua, o en el Banco Colonial. Esta última institución es norteamericana y la dirige un caballero continental de nombre Herman Cochran.

Es hora de almuerzo y a cualquiera de estos restaurantes habremos de ir: Las Baleares, sito en una vía marginal, paralela al Paseo de la Princesa; La Cafetera en la calle de San Justo o, mejor aún, en un pequeño restaurante italiano en la calle Luna, directamente detrás del Ayuntamiento. Mi padre siente predilección por este restaurante. Le hace mucha gracia el habla de la jovencita camarera y su manera de informarle a los parroquianos cuál es el menú: spaghetti a la italiana y arroz con habichuelitas. Podríamos almorzar también, en casa de mi tía abuela, Belén Miró vda. de Tañón, en la calle Infanta Luisa, pero no en esta ocasión. Vamos al restaurante italiano y ni decir que comimos opíparamente.

4. CAMINO DE SAN JUAN

Mi padre pasa la tarde en la compra de tornillos y herrajes, clavos y diversos otros efectos de ferretería para la tienda de mi tía, Rita, donde él colabora cuando no está en su propio negocio de compra y venta de ganado o supervisando la operación de la carnicería de su propiedad. En el Bazar Las Tres B, que así se llama el establecimiento de mi tía, hay todo lo imaginable en el ramo de ferretería (como en otros ramos de mercancía seca). Y perdería el tiempo – y su paciencia también – el agricultor que recorriera el comercio de Toa Alta en busca de unos tornillos para reparar su arado, si antes no fuera a parar a casa de Doña Rita. A ésta le escuché decir, socarronamente, en cierta ocasión que la venta de cuatro tornillos al mayordomo de Don Pablo Lavandero había pagado el importe de toda una caja.

Parte de las mercaderías compradas por mi padre – las más livianas y de urgente reclamo – irán con nosotros. Las otras se recogerán, oportunamente, en Bayamón.

Salimos temprano de regreso a Toa Alta. El sol está fuera todavía. Camión del muelle tomamos refrescos en El Bosque, un kiosco en la Marina, aledaño a la dársena de los botes de vela. Luego abordamos uno de éstos, que nos lleva veloz y placenteramente a Cataño. Cruzando la bahía mi padre me señala la presencia de un trasatlántico español allí surto. Es el León XIII. Vemos también entrar a puerto un buque de matrícula norteamericana, que el botero identifica como el *Philadelphia*.

De Cataño a Bayamón, vía tren de Valdés, y a recoger caballo y calesa en esta última ciudad, para la etapa final de nuestro regreso a Toa Alta. Mi padre pasa sus manos sobre el lomo del caballo mientras yo le acaricio la frente.

A prima noche estamos de vuelta a nuestro hogar, donde mi madre, amorosamente, nos da su bienvenida y nos sirve comida.

Nota Bene

De niño, mis visitas a San Juan, llevado por mi padre (a veces en compañía de mi madre y hermana) fueron frecuentes. En una de esas ocasiones, siendo aproximadamente las 4:00 de la tarde, cruzábamos mi padre y yo la Plaza de Armas, cuando me señaló él un caballero que, faltándole una pierna, caminaba apoyándose en una muleta, en dirección contraria a nosotros. Era el patricio Don José de Diego, que iba camino de su bufete, ubicado en los altos de la refresquería El Nativo, junto al Ayuntamiento. Presumo que el grande hombre habría salido del Ateneo Puertorriqueño, institución que entonces ocupaba la segunda planta de un edificio frente a la Plaza de Armas, directamente opuesto a su bufete. Don José de Diego era, a la sazón, Presidente del Ateneo. Mi padre, firme seguidor del Dr. Barbosa y de su ideal de Estadidad,[2] volvió su vista hacia De Diego con profundo respeto y conmovido por la condición física de este paladín de la independencia, me dijo:

— Es un gran idealista.

---

2. En 1980, se publicó un artículo de Manuel Cabranes en *El Nuevo Día* sobre la visita del Dr. Barbosa a Toa Alta y el discurso que dio: "Cómo conocí al Dr. José Celso Barbosa". *Ver* Appendix A28. —*Ed.*

5

En pos de nuevos horizontes

El paisaje de la carretera de Toa Alta a Bayamón – el cual he contemplado tantas veces – me luce hoy más bello que nunca, mientras lo recorro en auto público, en compañía de otros pasajeros. Atrás han quedado las vegas de aluvión a ambas márgenes del río Plata o Toa, con sus hatos de ganado lechero y sus establos adyacentes y las plantaciones de caña de azúcar un poco más lejanas. El auto se desplaza ahora por entre los espesos montes que separan las tierras llanas de Río Nuevo y Media Luna de las más altas de Candelaria y Hato Tejas, donde otrora hubo extensas plantaciones de piñas y cítricos. Hay enormes espacios verdes a lo largo del trayecto de esta ruta, que se inicia en San Juan y corre por todo el litoral, en dirección noroeste.

Dejo mi pueblo de Toa Alta al cabo de cinco años, durante los cuales ejercí el magisterio, primeramente en los barrios de Quebrada Arenas y Contorno y, luego, por espacio de cuatro años, en la Escuela (urbana) José Pablo Morales. Fue en este plantel donde terminé el octavo grado, con el primer honor de la clase.

Voy con destino a San Juan, a desempeñarme como Director de la Escuela Rafael María de Labra, un conjunto escolar de enseñanza intermedia, que comprende los grados sexto, sétimo y octavo.[3] Mi gestión como tal habrá de prolongarse por tres años consecutivos.

Recuerdos de pasadas experiencias surgen en mi mente como cinta cinematográfica, mezclándose con la emoción de mi realidad presente. ¿Acaso podría olvidar aquella mañana del año 1910 – antes de que despuntara el alba – cuando junto a mi padre observé el deslumbrante espectáculo del cometa Halley? ¿O que fue en el hogar de Don Virgilio Morales Cabrera, repleto de público, donde en 1923 escuché la transmisión radial del encuentro por el campeonato mundial de boxeo, peso pesado, entre Jack Dempsey, llamado "el León de Colorado" y su retador, Luis Ángel Firpo, "el Toro de las Pampas"? A Don Virgilio le corresponde el crédito de haber introducido en Toa Alta el primer receptor de radio. Todavía recuerdo su bondad de aquella noche desprendiéndose los audífonos del sencillo receptor y pasarlos a sus invitados para que oyéramos el desarrollo de la lucha entre dichos dos gigantes del cuadrilátero.

Tampoco podrían dejar de surgir mientras me alejo del querido pueblecito caracteres tan populares como Mariano Hernández Nieves ("Don María"), cuyo humorismo desearían para sí tantos comediantes; José Padilla, el que desde "La Azotea", donde vivía, tocaba el fotuto para prevenir a los vecinos de las avenidas del río. Ni Leona, la amable viejecita, beoda para más señas, que al oír el reloj del ayuntamiento tocar los doce campanazos del mediodía, gritaba a todo pulmón: ¡¡Las doce en Toa Alta!!

---

3. Ver página 40, *ante.* —*Ed.*

Interpuesta a esas y otras imágenes está la inquietud que conlleva la anticipación de nuevas y más altas responsabilidades a asumirse. E igualmente la esperanza de más amplios horizontes en la vida, al ubicarme en San Juan, sede del gobierno y de la intelectualidad de mi país.

Este primer gran paso en la senda de mi progreso obedece a varios factores, que incluyen mi dedicación a la escuela y el estudio y mis ansias de superación. Pero, jamás se habría logrado sin el interés y el apoyo de Conchita Plá de Alfaro, Primera Auxiliar del Superintendente de Escuelas en San Juan, el notable educador Don Manuel G. Nin. Fue ella quien me presentó a éste y al Dr. José Gómez Brioso, Director Escolar de la Capital, y ambos hicieron efectivo mi nombramiento. Conchita me había conocido a través de parientes cercanos suyos – Mercedita Alfaro y su esposo, Leopoldo Díaz.

Mi incumbencia en la dirección de la Escuela Labra fue muy provechosa. Me dio la oportunidad de compartir la tarea escolar con excelentes maestros, que lo eran casi todos los que formaban la facultad. Estimuló y facilitó mi afán de continuar estudios universitarios en Río Piedras (y más tarde en Estados Unidos). Y más aún: me ayudó a crecer socialmente exponiéndome al trato de centenares de padres de mis alumnos; funcionarios escolares y de otras ramas del Gobierno; políticos e intelectuales.

Un suceso por demás lamentable ocurrió pocos días después de iniciado yo en mi nuevo cargo. Este fue el huracán de San Felipe, que azotó a Puerto Rico el 13 de septiembre de 1928, causando enormes daños a la agricultura y destruyendo millares de viviendas y otras estructuras. Durante la mañana de aquel nefasto día fui a la escuela, donde me aguardaba el supervisor de conserjes, ex-maestro de instrucción pública, Don Antonio de Oliva. Ambos recorrimos las aulas y otras dependencias en un empeño por dejar bien cerradas las ventanas. Desafortunadamente hallamos gran número de cerraduras descompuestas y tuvimos que dejarlas en el mismo estado. Muchas de las ventanas aparecieron rotas al día siguiente y así permanecieron durante varios meses. El Municipio no tenía fondos para repararlas. Innumerables otros edificios escolares sufrieron graves daños o fueron destruidos a través de toda la Isla.

Difícil y peligroso se me hizo el regreso a mi hogar en Río Piedras, como pasajero en lo que a mi parecer fue el último ómnibus en aventurarse a hacer el recorrido.

Yo recordaba huracanes menores, pero luego de la experiencia de San Felipe, a fe que no quiero encontrarme en ninguno otro.

6

De cómo llegué a Nueva York

La travesía habría sido sencillamente agradable, a no ser por el malestar que, a veces, me causaba el vaivén del buque. Nunca antes había viajado a bordo de un barco. En esta ocasión era pasajero en el transporte militar "Chateau Thierry", del ejército de Estados Unidos, el cual abordé en San Juan. El "Chateau Thierry" y otras unidades similares del ejército y la marina americanos viajaban entonces con relativa frecuencia entre puertos de Estados Unidos y la Zona del Canal de Panamá, haciendo escala en San Juan.

Tras diversas diligencias, había logrado yo la anhelada oportunidad de trasladarme a Estados Unidos para continuar estudios y conocer aquel gran país. Y al Gobernador Interino de Puerto Rico James R. Beverley debía el privilegio de viajar en el "Chateau Thierry", pagando sólo el módico importe de mis comidas. Algunos días antes, Beverley me había recibido en su despacho de La Fortaleza y bondadosamente me había dado una carta de su puño y letra para el Comandante en Jefe del Ejército, con sede en el Cuartel de Ballajá, en la cual le solicitaba que me proveyera transportación en el próximo transporte militar con destino a Nueva York. El mismo día que entregué la carta en su despacho me pusieron las vacunas requeridas para hacer el viaje.

La Oficina del Comandante en Jefe debía recibir aviso de la Zona del Canal sobre la fecha en que el barco tocaría en San Juan y el número de plazas disponibles para pasajeros de este puerto. Mas, un sargento allí destacado, compañero de logia y amigo mío, me sugirió tener listo mi equipaje y aguardar el aviso de la llegada del transporte porque "tú vas en ese viaje, aunque tengas que dormir en un catre." No fue necesario esto. Se me asignó a un camarote que compartían ya dos cadetes de West Point. Estos me recibieron de buen grado y tuvieron para mí muchas consideraciones durante la travesía. Y cabe que diga que conversando con ellos, comprendí que el inglés que yo sabía era uno "de salón de clases" y que mi pronunciación era harto deficiente.

Durante el día me reunía en cubierta con un grupo de puertorriqueños que embarcaron en San Juan e iban para distintos lugares en Estados Unidos y también con algunos norteamericanos. Componían el grupo de mis paisanos el Lic. Don Ricardo Gómez, Fiscal de la Corte Suprema, y su esposa Rafaela (Fefa) Franceschi; un coronel Antongiorgi, destacado en San Antonio, Tejas; su esposa y cuñada, éstas de apellido Sandoz, y Doña Patria Martínez de Córdova Dávila, esposa del Comisionado Residente en Washington. Acercarse uno a este grupo y colocarse junto a la cuñada de Antongiorgi era como acudir al Muro de las Lamentaciones, pues ésta no cesaba de quejarse del mareo.

Invitado de antemano por Don Ricardo y esposa, cuando al cabo de tres y medio días de navegación desembarcamos en Brooklyn Navy Yard, viajé con ellos en el taxi que les llevara a la Residencia Ibáñez Garmendía en Cathedral Parkway (calle 110 al oeste) en Manhattan. Yo pagaría el importe de lo que el contador marcara de allí en adelante, hasta la calle 145 al oeste (entre Broadway y Amsterdam), a donde me dirigía. De esta manera economicé varios dólares de mis limitados recursos. Pero, la gentileza de Don Ricardo hacia mí no paró ahí. Me pidió que le telefoneara en el trascurso de los próximos días para concertar una cita y almorzar juntos, antes de su regreso a Puerto Rico. Así lo hice y de nuevo tuve el placer de volver a saludar y conversar con los esposos Gómez-Franceschi.

Durante el trayecto de Brooklyn Navy Yard a la sección que mas tarde conocí como "Manhattan Upper West Side," quedé fascinado con la monumental grandeza de Nueva York. Particularmente llamaron mi atención los rascacielos y la ordenación del tráfico de vehículos, controlado éste por un sistema de semáforos. Además, el despliegue y la variedad de las frutas expuestas en los establecimientos del género.

Por aquellos días, durante el verano de 1931, sucedió en Nueva York un acontecimiento memorable. Me refiero a la inauguración del Puente George Washington, sobre el río Hudson, el cual une los estados de Nueva York Y Nueva Jersey. El nuevo puente estaba a la vista y a corta distancia del hogar de Manolo Tañón Miró, un pariente mío, en cuyo hogar me hospedaba, circunstancia ésta que me facilitó asistir a la inauguración. Aun recuerdo aquella mañana clara y calurosa y lo extraño que me sentía entre la multitud siendo el único espectador que lucía traje blanco y sombrero de Panamá.

Mi destino final no era Nueva York. Yo sólo permanecería allí por espacio de un mes, cuando me trasladaría a Indianapolis, Indiana. En esta última ciudad estudiaría y me hospedaría en Indiana Central College, a cambio de mis servicios en su Departamento de Lenguas Romances. Este arreglo fue el resultado de gestiones que hiciera en mi favor un graduado de esa institución, el Dr. Antonio Rodríguez, entonces Director de la Escuela de Práctica en la Universidad de Puerto Rico.

Era Presidente de Indiana Central College un Dr. Good, con quien yo estaba en contacto, por correspondencia. Se había fijado la fecha de mi llegada a Indianapolis, donde el Dr. Good me recibiría en la estación del ferrocarril.

Ocurrió, sin embargo, que el día antes de mi partida hacia Nueva York, el Procurador General Beverley me llamó con urgencia a su despacho para pedirme que me detuviera en esa ciudad a ver a la Srta. Rose McHugh y a la Srta. Jane Hoey, ésta última Directora del Consejo de Bienestar Social de Nueva York (Welfare Council of the City of N.Y.). McHugh había visitado Puerto Rico algunos meses antes, a instancias del entonces Gobernador Theodore Roosevelt. Vino ella a estudiar la situación de los delincuentes juveniles. Y, como parte de esa gestión, entrevistó en el Departamento de Justicia a cinco educadores jóvenes, referidos por el Departamento de Instrucción, a los cuales les expuso su propósito de lograr una beca (fellowship) para estudiar Trabajo Social, con concentración en el tratamiento de delincuentes juveniles y probatoria. Mi nombre se incluyó entre los candidatos a dicha beca – en parte, quizás – por ser miembro de un comité organizado en el Departamento de Justicia, a iniciativa del Procurador General Beverley, para considerar cómo bregar con el creciente problema de la delincuencia juvenil. Y fui seleccionado para disfrutar de la beca.

Complaciendo el pedido de Beverley, me personé, previa cita, en el Consejo de Bienestar Social donde me reuní con las señoritas

McHugh y Hoey. A ambas les manifesté – como antes lo hiciera con Beverley – mi compromiso contraído con Indiana Central College, donde se me esperaba a principios de septiembre. No obstante, ellas me persuadieron que yo sería más útil a mi país aceptando la beca de dos años que ofrecía la Escuela de Servicio Social, de Fordham. Me prometieron explorar la posibilidad de ubicarme, bien en alguna institución para menores delincuentes o en un centro comunal, donde tendría hospedaje completo (room and board). Y, además, ayudarme a obtener trabajo a tiempo parcial, para pagar mi hospedaje y tener algún dinero extra para mis otros gastos personales.

Aparentemente esos planes fueron hechos en colaboración con el Director de Caridades Católicas, Reverendo Thomas Brennock, pues éste se encargó de redactar y enviar, en mi nombre, dos mensajes telegráficos al Dr. Good, de Indiana Central College. El primero de éstos, avisándoles que causas imprevistas me demoraban en Nueva York y el segundo, cuatro o cinco días después, notificándole la imposibilidad de incorporarme a su institución. ¡Penoso dilema el que hube de confrontar y más penoso aún dejar incumplido mi compromiso con el Dr. Good!

Ubicado ya en Union Settlement – calle 104 al Este, entre las avenidas Segunda y Tercera – en Manhattan, centro comunal hábilmente dirigido por la Srta. Helen Harris, comencé a asistir a la Escuela de Servicio Social. Y, poco después, a trabajar de Investigador Social, a jornada incompleta, en la primera agencia creada por la Ciudad de Nueva York para ayudar a los desempleados y otras víctimas de la Gran Depresión. El Padre Brennock – previamente mencionado – mi profesor de Trabajo de Casos, me avisó que debía ver a cierto ejecutivo, de apellido Hudson, en el Buró de Ayuda de Emergencia, el cual me extendería el nombramiento como tal investigador, con sueldo de dieciocho (18) dólares semanales. Yo sería asignado a la oficina que se abriría en la calle 118 al Este, esquina Avenida Lexington – precisamente en el local que había ocupado una sucursal del recién fracasado Banco de Estados Unidos (Bank of the United States).

A Rose McHugh, que era profesora de sociología en Fordham, la vi y conversé con ella unas pocas veces en el transcurso de los dos años que asistí a la Escuela de Servicio Social y siempre en esta institución. Ella planificó y fue la persona principalmente responsable de mi adiestramiento en el campo de Trabajo Social, con concentración en la prevención y el tratamiento de la delincuencia juvenil. A ella le corresponde el crédito por mis fructíferas experiencias en Union Settlement; en el Hogar Juvenil y la Corte para Niños, de Syracuse, durante el verano de 1932, y finalmente en el Departamento de Probatoria de la Corte de Sesiones Generales, de Nueva York.

No tuve más contacto directo con Jane Hoey, después de mi entrevista con ella en el verano de 1931. Sabía de ella y recibía sus saludos a través de Isabel Nash, una linda y amable joven, de Lincoln, Nebraska, también residente de Union Settlement. Isabel era entonces novia (girl friend) de un hermano de Jane Hoey, abogado de profesión y figura importante en Tammany Hall. Al crearse la Administración del Seguro Social, durante el primer período presidencial de Franklin Roosevelt, Jane Hoey pasó a ocupar un alto cargo en dicha agencia.

Jane Hoey era una pelirroja de agradable personalidad y gran disposición. Y, aparte de sus indiscutibles méritos profesionales, estaba vinculada a los centros de poder de la Arquidiócesis de Nueva York y del Partido Demócrata.

7

De cómo pasé dos años de estudiante en Nueva York

Mis experiencias durante los dos años que pasé en Nueva York, incluyendo el verano de 1932 en la ciudad de Syracuse – tomadas en conjunto – fortalecieron mi admiración por la nación de la cual era (y soy) ciudadano y mi esperanza, y me dieron un mayor grado de seguridad. A mi regreso a Puerto Rico (a bordo de un carguero, porque todavía no se viajaba en avión, al menos en la ruta Nueva York- San Juan), me sentí ser una persona distinta: más práctica, con menos inhibiciones; más apta para servirme a mí mismo; mas libre.

Un suceso que, aunque irrelevante, no debo pasar por alto porque lo recuerdo con grata emoción, fue aquel que ocurrió una mañana de septiembre de 1931, cuando por primera vez vi caer nieve. Tomando el desayuno en Union Settlement, una compañera advirtió en voz alta que estaba nevando, al tiempo que señalaba hacia el patio, para que otros presentes en el comedor pudiéramos observarlo. De un salto me puse de pie y corrí hacia el lugar señalado por ella, para palpar con mis manos la nieve y sentirla en mi rostro. ¡Qué sensación de júbilo la que experimenté! La joven que llamara la atención hacia la caída de aquella primera nieve de la estación y otros compañeros reían de asombro ante el espectáculo cómico montado por mi. ¡Y cómo se celebró luego por los demás residentes de la casa aquel episodio! No parecían comprender que ver la nieve, por primera vez, fuera para mi un acontecimiento de primera magnitud.

Union Settlement era un centro comunal en el número 237 al este de la calle 104 en Manhattan, establecido por el reputado seminario evangélico, Union Theological Seminary, para dar servicios y orientación a los vecinos de aquel sector, de todas las edades. Estos eran, en su mayoría de origen italiano. El personal de la casa y sus residentes eran, casi todos, profesionales o estudiantes universitarios. Entre la diversidad de servicios que prestaba el centro estaban los de nutrición y enfermería, a cargo de la organización Henry Street Nurses. Aquel sector de la ciudad es, desde hace muchos años, predominantemente puertorriqueño.

Una de las primeras y más útiles lecciones que aprendí en Union Settlement fue la de lavar mi ropa. George ("Red") Shaunessy, asistente del Director de Recreación, me había observado llevando mi ropa a una lavandería cercana y se dispuso a corregir aquella práctica costosa en tiempos de depresión. Vino a verme y me expuso que tanto él como los demás compañeros lavaban su propia ropa. ¿Por qué no podía yo hacer lo mismo? Era un ejercicio sencillo, me dijo, y prosiguió: "Deja la ropa en la bañera, en agua caliente, cuando vayas a acostarte, y temprano en la mañana procede a lavarla."

Acostumbrado a que de la lavandería recogieran y devolvieran mis trajes, por aquel tiempo aprendí también que esto o lo hacía yo mismo o los trajes no se limpiaban o aplanchaban. Y algo más aprendí: a ponerme el traje que debía aplancharse, para hacerlo en el trayecto a la escuela o el empleo. Por veinticinco centavos un sastre vecino, judío polaco, que fue mi buen amigo, me aplanchaba el traje mientras yo esperaba en una pieza privada de su establecimiento. Ese tipo de servicio se conocía como "Pressing While-U-Wait."

Cuando al cabo de dos años me disponía a regresar a Puerto Rico, Mr. Eisbert, que así se llamaba el sastre, quiso obsequiarme con una comida en su hogar. Todavía me apena que no pudiera aceptarla. Tanto él como un hijo suyo, estudiante, que ocasionalmente le ayudaba en el taller, no aceptaron de buen grado mis excusas. El padre me dijo, con sus ojos mojados en lágrimas y fijos en mí:

— No crea, Manuel, que porque me ve en esta facha de trabajo no vivo bien. Tengo una buena casa en Rockaway, donde mi familia y yo lo recibiríamos con placer.

Y, ¿cómo obtener, de inmediato, dinero para trasladarme a la escuela o el empleo, y pagar por los almuerzos? Ciertamente, todo eso importaba muy poco. El pasaje en el subterráneo o el elevado era sólo un nickel y el almuerzo, algunos quince o veinte centavos, cuando no menos. El prestamista obligado era la Casa de Empeño, donde depositaba uno de mis trajes y recibía $5.00, para pagar $5.50, días más tardes.

A veces, en compañía de Joe Kelleher y/o John Fitzsimmons, compañeros de clases, iba a almorzar a una cantina de nombre "Busy Bee," ubicada bajo el terminal del elevado, junto a la Alcaldía o a una cafetería denominada "Self-Service". Una de las atracciones de la cantina era el despliegue de fuentes repletas de pepinillos dulces y otras golosinas menudas, que podían servirse a discreción, sin costo alguno adicional. Mas, la presencia de tantos caracteres sospechosos que allí concurrían, hizo que dejáramos de patrocinar a "Busy Bee."

En la metrópolis hallé a un antiguo amigo, Guillermo A. Silva, compañero mío en la escuela superior de Río Piedras. Trabajaba él en la tienda de discos "Castellanos-Molina." en la Quinta Avenida (Harlem), mientras cursaba estudios de derecho. Luego fue Guillermo un prominente letrado y patrocinador de la cultura en San Juan. Guillermo me introdujo en los círculos políticos y sociales puertorriqueños. Fue así como conocí al Lic. Frank Antonsanti y asistí a reuniones en su elegante residencia de Riverside Drive, y a Don José Alonso. Antonsanti y Alonso, rivales entre sí, eran nuestros más destacados lideres demócratas.

Invitado por Guillermo, conocí a la notable escritora, Isabel Cuchí Coll, en un acto dirigido por ella, en celebración del Descubrimiento de Puerto Rico.

Por aquel tiempo conocí también al Dr. José Negrón Cesteros, que entonces operaba su propia clínica en la Séptima Avenida (Harlem). Fui a verle en relación con cierto caso de probatoria en la Corte de Sesiones Generales. Años más tarde, Cesteros y yo habríamos de ser íntimos amigos, confidentes y colaboradores. Tributo de mi respeto y admiración hacia él fue el "In Memoriam" que le dediqué, al morir.

En función de investigador social en el Buró de Auxilio de Emergencia tuve la satisfacción de ayudar a centenares de paisanos desempleados que sufrían lo indecible durante la Gran Depresión. La falta de pan y abrigo y los desahucios relámpagos eran la orden del día. Grabada en mi recuerdo, con profundo dolor, está la escena de una pobre mujer de mediana edad, norteamericana de la raza de color, que contemplaba al anochecer, medio enloquecida, sus pertenencias puestas en la acera por los alguaciles.

Nunca antes hube de participar (o asistir) a tantas actividades sociales y/o culturales como en los años que hice vida de estudiante. Los finales de semana, desde el sábado a mediodía hasta buena parte del domingo eran para el teatro y otras diversiones. Ocasionalmente atendía la noche del sábado alguna función patrocinada por el Club Tropicales, organizado por mí en el centro comunal donde residía, bien fuera alguna representación teatral, baile o conferencia. Estas funciones eran muy agradables y se llevaban a cabo con decoro, contando, a menudo, con la presencia del Padre Nicolás Báguena, párroco de la Iglesia de la Santa Agonía o de uno de sus coadjutores. Los jóvenes de ambos sexos que componían esta agrupación traían a sus padres y otros familiares y amigos a los actos de interés general, la entrada a los cuales fue siempre gratis.

Mi teatro favorito era Radio City, aunque más frecuentemente asistía al Teatro Hispano en la Quinta Avenida y la calle 110, y a un cinema en la calle 72 y Avenida Lexington. Fernandito y Mapi Cortés actuaban entonces en el Teatro Hispano. Luego pasaron a México, donde se convirtieron en famosos actores de la pantalla, para orgullo de Puerto Rico.

Un sábado, por la noche, asistí a un baile en el hogar de los esposos Benítez-Rovira, invitado por sus hijas Susana y otra chica menor, cuyo nombre he olvidado, ambas contemporáneas mías. Los esposos Benítez-Rovira – el Lic. Don Rafael Benítez y Doña Marina – eran los padres de mi ex-alumno, Rafael, que, años después, fuera Comandante del portaviones *Lake Champlain*, de la marina de Estados Unidos, durante la guerra de Corea. La madre de Rafael fue Directora de la Escuela Baldorioty de Castro en San Juan. Se trasladó ella a Nueva York para supervisar allí la educación de sus hijos. Don Rafael había sido un eficaz colaborador mío, durante mi incumbencia como Director de la Escuela Labra, de Santurce, a la cual asistió Rafael.

Años más tarde, siendo yo Consultor del Departamento de Bienestar Público (hoy Servicios Sociales) de la ciudad de Nueva York, vino a ésta el portaviones *Lake Champlain*, comandado por Rafael Benítez. Fue a darle la bienvenida, a nombre del Alcalde, el señor James J. O'Brien, de la Oficina de Protocolo. Cambiados los saludos de rigor – me informó emocionado aquel mismo día el señor O'Brien – Rafael le preguntó si conocía a Manuel Cabranes. Y al responderle O'Brien en la afirmativa, le pidió, encarecidamente, que me comunicara su deseo de verme. Al día siguiente, fuimos mi esposa y yo al *Lake Champlain*, a saludar a su Comandante, mi antiguo discípulo, Rafael Benítez. Retirado de la Marina, Rafael reside en Miami. Sus relaciones con mi hijo, José Alberto, de quien es amigo, son muy cordiales.

En noviembre de 1932 se celebraron elecciones para Presidente de Estados Unidos y otros cargos, y yo participé en éstas. Franklin D. Roosevelt, entonces Gobernador de Nueva York, fue electo Presidente, derrotando al incumbente, Herbert C. Hoover. En la misma ocasión perdió su escaño congresional Fiorello LaGuardia. Este fue derrotado por su opositor demócrata, James Lanzetta, también de origen italiano, apoyado por un fuerte núcleo de puertorriqueños de Harlem.

Al día siguiente de la elección, el periódico *New York Daily News* lanzó un mezquino editorial en el cual hacía responsables a los puertorriqueños de la derrota de LaGuardia. Y alegando que los puertorriqueños habían comercializado con sus votos. Me sentí triplemente mortificado. Yo había votado por Hoover y LaGuardia, y la insolencia del *New York Daily News* contra mis paisanos colmaba mi amargura.

En el mes de marzo subsiguiente, viajaba yo de Nueva York a Washington en compañía del Dr. Bocanegra – cuñado del recién electo Comisionado Residente de Puerto Rico en Estados Unidos, Don Santiago Iglesias – el Dr. José Negrón Cesteros y José Vivaldi, Administrador de la Oficina de Empleos de Puerto Rico en Nueva York, para asistir a la inauguración del Presidente Roosevelt, como huéspedes de Don Santiago.

Al amanecer, el día de la inauguración, llegamos a la residencia de la familia Iglesias, una modesta casa terrera, de reciente construcción, en el Distrito de Columbia, graciosamente asentada sobre una leve loma, como otras contiguas, y césped de grama. Don Santiago, en bata de baño, nos recibió e invitó a pasar al interior de la casa y nos condujo al comedor. Allí procedió, de inmediato, a prepararnos desayuno. Hecho esto se sentó con nosotros a la mesa y conversó, amigablemente, por espacio de una hora. Uno de sus temas de conversación fue la impugnación de su elección como Comisionado Residente que hacía el periodista, Rafael Torres-Mazzorana, entonces radicado en Nueva York, y la vista que para escuchar dicha impugnación se había señalado.

Lejos de mostrarse molesto o preocupado por la acción de Torres-Mazzorana – un independentista militante – Don Santiago parecía estar entre asombrado y divertido. Y seguro de que tal impugnación no habría de prosperar.

Al despedirnos de Don Santiago Iglesias, nos encaminamos hacia el Capitolio, para tomar sitio lo más próximo posible a la tarima, donde el Presidente sería juramentado. Al llegar allí la multitud comenzaba a arremolinarse en todo aquel ámbito. Algún tiempo después, antes de la ceremonia, miré hacia atrás y a mi alrededor, viéndome rodeado de millares de personas que pugnaban por mantenerse en pie. En esos instantes se apoderó de mi una gran ansiedad. Temía morir estrangulado o por asfixia. Tan ligero como pude, le avisé a Vivaldi y a Cesteros que me encontrarían a determinada hora en el restaurante de la estación del tren. Y con gran esfuerzo salí de entre aquella enorme multitud, a presenciar el desfile que ya había comenzado, desde un lugar más confortable. Frente a mí pasó la delegación de Nueva York, presidida por el exGobernador Alfred E. Smith, el mismo que luchara a brazo partido en la convención de Chicago, para impedir la nominación de FDR.

En aquellos penosos tiempos de depresión y prohibición, amigos puertorriqueños, antiguos residentes de la urbe, se las arreglaban para divertirse por poco dinero. Caminar con uno o más de ellos un sábado por la noche era como acompañar a Alicia en el País de las Maravillas. Aquí el "Speakeasy" donde los que querían beber compraban la ginebra o el ron; más allá la familia hispana, que para ayudarse, ofrecía baile y cena en su hogar, y finalmente – si todavía restaban ánimo y espacio en el estómago – una visita al cielo del Padre Divino en Harlem. Este pintoresco personaje tenía su base en Philadelphia, donde vivía rodeado de adulación y lindas muchachas. En una ocasión, amigos míos me llevaron a un amplio sótano en Harlem, donde, según ellos, predicaría el Padre Divino al filo de la medianoche y luego se serviría un buffet, obsequio de éste a sus seguidores y otros asistentes. Esta vez, sin embargo, la función se suspendió, aparentemente por indisposición del Padre Divino, a quien no logré conocer en persona. Y nunca más se me ocurrió asomar mis narices por aquel lugar.

8

En Syracuse

Mi estada en Syracuse, a donde fui asignado para practicar en el Departamento de Probatoria de su Corte para Niños, fue altamente provechosa, profesional y socialmente.[4] Ello se debió, en primer término, al interés que tomó en mí y a la simpatía del Juez Leo J. Yehle, actitud que se reflejó en sus más allegados colaboradores. Entre éstos, Richard D. Greene, trabajador social profesional, que era el Oficial Probatorio y la secretaria personal del Juez, una inteligente y linda muchacha de extracción alemana.

En el Hogar para Menores ("Juvenile Detention Home"), donde se me ubicó, tuve la oportunidad de conocer la operación de la institución y de hacer amistad con dos estudiantes que actuaban de ayos y directores de recreación. En esta casa el talento estaba representado por esos estudiantes y, en menor grado, por el aya de una o más niñas detenidas. El Director era, según pude observar, un hombre sensato y bueno, de poca escolaridad.

---

4. *Ver* Appendix A6, A20. —*Ed.*

El Juez Yehle me dio la oportunidad de visitar distintas instituciones para menores delincuentes en el estado de Nueva York. Esto lo hacía en compañía del Oficial Ejecutivo de una agencia particular que supervisaba menores bajo la jurisdicción de la Corte. Por otro lado, a través de la secretaria del Juez y de uno de los estudiantes, conocí a varias chicas, que me proporcionaron ratos muy agradables.

En el ámbito de Syracuse y comunidades aledañas, observé un estilo de vida más sencillo y sosegado; de mejor convivencia; más confortable y americano que en la gran urbe. Ciertamente, ésta es el mayor centro cultural y económico del mundo, pero los prejuicios y las tensiones raciales empañan las relaciones humanas.

En esas y otras reflexiones estaba en la cubierta del ferryboat, en el cual hacia la travesía nocturna de Albany a Nueva York, cuando se me acercó otro pasajero, que resultó ser un exCapitán del Ejército Alemán, veterano de la Primera Guerra. Escuchando los relatos de sus experiencias en los teatros de guerra – en Francia, Italia y los Balcanes – transcurrieron las horas, hasta que el barco atracó en Manhattan, a eso de las 6:00 de la mañana.

9

Abrojos del camino

A poco de mi regreso a Puerto Rico, en el verano de 1933, Rose McHugh envió al Gobernador o al Procurador General (ya no ocupaban esos cargos ni Theodore Roosevelt ni James R. Beverley) un amplio y detallado informe del adiestramiento por mí recibido bajo su tutela. El párrafo final del mencionado informe fue una evaluación de mi carácter, a base de los informes que le rindieran la Escuela y las agencias donde hice la práctica. La evaluación fue objetiva y ciertamente no desfavorable. Según ésta, yo siempre quise dar una buena impresión y las personas con las cuales estuve en contacto me aceptaron y apreciaron ("like me much"). No obstante, "probablemente por mi lealtad a Puerto Rico y su gente" –apunta ella –"en ocasiones actué en perjuicio de esas relaciones." McHugh me envió una copia de su informe, el original del cual también leí en la Secretaría Ejecutiva, hoy Departamento de Estado.

Sin duda que lo negativo de la evaluación de McHugh proviene de dos o más incidentes desagradables en que me vi envuelto. Uno de éstos, con una enfermera de la Ciudad (City nurse) que tenía a su cargo la clase de Higiene. Una y otra vez, semana tras semana, esta buena mujer se refería a la presencia de los puertorriqueños en

Nueva York, a su forma de vida, higiene personal, dieta y condiciones de vida en general.

Molesto por el hecho de que dicha enfermera jamás se refiriera a ningún otro grupo étnico y por las curiosas miradas de mis compañeros de clase, me puse de pie en cierta ocasión y le manifesté a la maestra que yo resentía sus continuas alusiones a los puertorriqueños. Enseguida le pregunté si no tenía otro tema de qué hablar ni otros ejemplos que ofrecer que los puertorriqueños. Y le señalé, también, que la existencia de hospitales, parques y museos en Nueva York se debía, en parte, a dineros procedentes de Puerto Rico.

Aquella dama no respondió a mis palabras, pero sí se incomodó terriblemente, según pude observar por las contorsiones de su cara. Y por sus gestos, poco después, cuando pasó al despacho del Registrador a querellarse de mi actitud.

Un breve incidente ocurrió en otra ocasión en la clase de Criminología. El Profesor William Harper (Director del Departamento de Probatoria en el Condado de Westchester), competente y circunspecto, por quien yo sentía respeto, discutía la situación de la criminalidad en Hawaii. Según la información y/o estadísticas que él citaba, los puertorriqueños eran el grupo étnico de mayor incidencia criminal en aquellas islas. Intervine para señalar que para mí resultaba increíble que un grupo comparativamente minúsculo como el puertorriqueño en Hawaii pudiera generar tanta criminalidad. Harper no comentó mi intervención ni pareció molestarle.

Y más jocoso que serio fue un episodio que se desarrolló a la hora del almuerzo, un domingo, en Union Settlement. En la cabecera de la mesa estaba sentada la querida y respetable directora de la institución, Helen Harris, presidiendo sobre un grupo de algunos treinta comensales. Frente a mí se situó un compañero oriundo de Minneapolis, a quien, para fines de este pasaje, llamaré Harry Potter.

De pobre apariencia física, acomplejado y desaliñado en el vestir, Harry sentía profundo desprecio por los braceros mexicanos, que decía haber conocido en el mediano oeste. Y a menudo refería anécdotas y hacía chistes sobre los "grasientos mexicanos," como él les llamaba.

Esta vez hacía de bufón entre las personas junto a él, con uno de sus chistes de tema mexicano. Terminado que hubo, se percató Harry que aquél ninguna gracia me había causado, lo que le impulsó a preguntarme, con obvio cinismo, qué tenía yo que decir, si algo. En español le respondí:

Se te olvidó decir que Estados Unidos les robó Tejas y el suroeste de la nación a esos "grasientos mexicanos."

– ¡Oigan, oigan, todos Uds., lo que acaba de decirme Manuel en español, para que no le entiendan! –Y enseguida la traducción al inglés de lo dicho por mí.

Si hubo algún comentario, no lo escuché. Pero, si en alguna ocasión vi miradas de enojo dirigidas a mí en aquella mesa fue cuando el travieso Harry cesó de hablar y comenzó a comer de su plato.

Coincidió mi regreso a Puerto Rico con la existencia de un clima de agitación e intolerancia políticas. La campaña del líder nacionalista Pedro Albizu Campos había tomado gran auge y preocupado al régimen. En esas circunstancias, opté por no hacer uso del informe de Rose McHugh, para no exponerme a ser considerado simpatizante de Albizu Campos. Yo no era, ni jamás fui, nacionalista.[5]

---

5. En 1950, cuando era Director de la Oficina de Puerto Rico en Nueva York, un grupo intentó asesinar a Cabranes, tirando dos bombas a su oficina que no explotaron. *Ver* Appendix A20–21. —*Ed.*

10

De los primeros pasos en Nueva York

Estaba en boga "La Borinqueñita," sublime composición musical de Noel Estrada. La escuchaba tocar, intermitentemente, en la fonda ubicada en la Avenida Westchester, esquina de la calle 156. Corría el verano de 1946. En aquel modesto establecimiento, administrado y patrocinado por paisanos míos, solía yo tomar mi desayuno. Durante los finales de semana lo hacía en compañía de mi hijo, Manuel, que entonces contaba once años de edad.

Manuel estaba interno en Windwood School, una pequeña institución privada en Long Island, donde lo había dejado yo, a prueba, apenas seis semanas antes. Grave error de mi parte que he lamentado a través de los años. Si bien lo hice accediendo a su deseo cien veces expresádome de que lo trajera a un internado en Estados Unidos, debía advertir su falta de juicio para anticipar el trauma de hallarse separado de sus padres.

Admitido que fuera Manuel en la citada escuela, regresé a Puerto Rico para ultimar los arreglos de mi traslado definitivo al Bronx sur, donde habría de asumir la dirección de Melrose House, centro comunal situado en un sector predominantemente puertorriqueño. Las cartas de Manuel pidiéndome que volviera atrás a sacarle de aquel lugar no se hicieron esperar. Su súplica era cada vez más conmovedora. No podía acoplarse a la vida de aquella institución, naturalmente.

Con deliberada premura volví al Bronx y enseguida me puse a la voz con la directora de Windwood y, por supuesto, con Manuel. En lo sucesivo éste vendría a Nueva York para estar conmigo cada viernes por la tarde y regresaría a Long Island el domingo por la tarde. Mas esta disposición duraría a lo sumo tres semanas. Manuel insistía en estar a mi lado y su anhelo estaba plenamente reciprocado. Logré que lo admitieran en el sexto grado en la Escuela (parroquial) de San Anselmo, contigua al centro comunal. El poco de inglés adquirido, primeramente en la Escuela del Perpetuo Socorro, de Miramar, y luego en Windwood facilitó su admisión en San Anselmo. Pero, lo que sí me costó esfuerzo fue recuperar, una parte siquiera, del dinero depositado en Windwood para cubrir el pago del internado durante el primer semestre. Aquello fue como la extracción de una muela sin anestesia.

Mi esposa Carmen y mi segundo hijo, José Alberto, de cinco años de edad, llegarían próximamente de Puerto Rico y la familia se reuniría de nuevo. Mientras tanto, Manuel y yo compartíamos una habitación en la segunda planta del centro comunal, la cual era parte del piso que se habilitaba para la familia. Me deleitaba caminar y conversar con él; compartía su alegría y me enternecían sus caricias cuando ya en la cama nos disponíamos a dormir.

Cuando la familia estuvo reunida, dedicábamos los sábados, domingos y feriados a pasear por Nueva York y sus alrededores, utilizando el tranvía eléctrico y los autobuses. Uno de esos tranvías cubría la ruta Bronx-Brooklyn. En uno de los paseos llegamos en autobús a la Plaza de White Plains, donde nos desmontamos. Y mientras contemplábamos sus bellos alrededores a José Alberto se le ocurrió decirnos a su mamá y a mí cómo le gustaría vivir en aquel lugar. Su mamá y yo nos miramos entristecidos, sin hacer comentarios. Ciertamente, no estábamos en condiciones de mudarnos de donde estábamos: un apartamento humilde, con escasos muebles, ubicado en un sector de migrantes, de escasos recursos. Atrás, en Puerto Rico, habíamos dejado nuestros bien pagados empleos y nuestra cómoda residencia de dos viviendas en un vecindario de profesionales y trabajadores de cuello blanco. Ahora teníamos ante nosotros un futuro impredecible.

José Alberto, que había comenzado el primer grado en la Escuela del Perpetuo Socorro, de Miramar, hubo de ser admitido en la Escuela de San Anselmo. En la escuela pública no fue aceptado de inmediato. La Srta. Alice Kasper, directora de la escuela elemental pública más cercana a Melrose House y Secretaria de la Junta de Directores de este centro, lo acogió con evidente simpatía cuando su mamá y yo lo llevamos a matricular allí. Lo sentó en su falda y tuvo para él la mar de expresiones de cariño mientras exploraba sus conocimientos generales y del idioma inglés. Al fin nos dijo que si no fuera por su desconocimiento del inglés lo asignaría al tercer grado.

Siguiendo el consejo de la Srta. Kasper de que le diéramos a José Alberto, en primer lugar, la oportunidad de adquirir una base de inglés, se le llevó a la guardería (Day Care Center for Children of Working Mothers) de Melrose House para que participara en los juegos y otras actividades que se ofrecían allí para niños de su edad. No tardó en notarse que aprendía el inglés rápidamente. Un detalle de su aprendizaje nos preocupó, como paso a señalar.

10. DE LOS PRIMEROS PASOS EN NUEVA YORK

Por aquellos días nos visitó mi cuñado James Lawrence Tait, natural de Maryland y vecino de Puerto Rico, que al conversar con Manuel y José Alberto observó que éste último comenzaba a hablar el inglés con acento sureño. Esto era explicable por el hecho de que no menos de la mitad de la matrícula de la guardería consistía de niños de color americanos, de padres procedentes del sur del país. No obstante, el acento que advirtiera el "tío Tait" desapareció con el contacto de José Alberto con sus compañeros de San Anselmo, la mayoría de los cuales era de extracción irlandesa-americana.

Durante nuestra estancia en Melrose House, José Alberto tuvo dos o más afecciones de amígdalas, que le retuvieron en cama, con fiebre alta, por espacio de varios días. Los médicos consultados recomendaron la remoción de las amígdalas y así lo hizo un experto cirujano en un hospital del Bronx.

Siete meses más tarde, a pesar de la gran escasez de vivienda que entonces había, logramos trasladarnos a un apartamento de la Avenida Eagle, cercano a la Iglesia de San Pedro. Esto fue posible mediante la eficaz intervención de una amiga, Lola Woodlyn, con el casero y el pago de mi parte de una suma de dinero a la inquilina que desocupaba el apartamento y me vendía los muebles.

En aquel apartamento, más amplio del que habíamos ocupado en Melrose House y provisto de muebles, vivimos bastante mejor. Y durante nuestra estadía allí ocurrieron dos acontecimientos notables. Uno, de la más grata recordación, fue la visita que nos hicieran las abuelas paterna y materna de nuestros hijos – Ana Velilla de Cabranes e Ignacia Rosa de López – que el Señor las tenga en su santa gloria. Otro, la gran tormenta de nieve (blizzard) del año 1947, espectáculo maravilloso, que disfrutaron nuestros hijos aún más que nosotros.

11

Melrose House

De nuevo surgió a la vida de la comunidad Melrose House – o la Casa Melrose, como se le comenzó a llamar con la llegada de su nuevo Director – y esta vez como entidad independiente, con su propio estilo y objetivos, tal como lo había planificado su Junta de Directores, con el asesoramiento profesional de Stanley (Steve) Brody, Director Ejecutivo del Consejo de Bienestar Social del Bronx. Hasta entonces, Melrose House había sido un apéndice de Juvenile House, un importante y bien dotado centro comunal judío en el sector sur del mismo condado.

Excepto por su guardería, operada por empleados responsables, aunque faltos de adecuado adiestramiento y dirección profesional, Melrose House había permanecido cerrada al público por espacio de varios meses. Tenía esta casa dos edificios anexos – uno de éstos ocupado totalmente por la guardería y otro de dos plantas, la superior destinada ahora para residencia provisional del Director y su familia. Ambas estructuras eran relativamente pequeñas y en estado de deterioro.

Juvenile House estableció esta sucursal suya con el propósito de que sirviera los intereses de los puertorriqueños y de los ciudadanos procedentes de los estados del Sur, recién llegados al sector, como los primeros. No obstante, confrontada con el rápido crecimiento de estos dos grupos minoritarios y el éxodo simultáneo de la población judía, Juvenile House se aprestaba a trasladarse a algún otro sector de la urbe, donde sus servicios pudieran ser útiles al grupo étnico que la patrocinaba.

Conforme a una de las muchas observaciones que me hiciera Steve, en Juvenile House se resentía la presencia de los puertorriqueños en sus predios, lo cual aconsejaba que Melrose House les proveyera servicios recreativos y de otra índole a éstos, sin excluir a otros residentes, naturalmente. En la demarcación existía ya – señaló Steve – otro centro, Forest House, que prestaba servicios a las familias y a la juventud de color norteamericanas. Por mi parte, me sentí complacido y estimulado a acoger en Melrose House, con los brazos abiertos, a mis paisanos.

Juvenile House tardaría aproximadamente año y medio en abandonar el sector Sur del Bronx. Su partida fue una pérdida significativa para aquella comunidad, que cambiaba rápidamente de carácter y estilo de vida. Durante aquel breve interregno, mis relaciones con el compañero director que se ausentaba (lamento no recordar su nombre) fueron siempre de mutuo respeto y consideración. Mucho más prolongadas fueron mis relaciones con mi contraparte de Forest House, George Gregory, las que se extendieron durante la estancia de ambos en el Bronx y años sucesivos.

La comunidad en general acogió mi presencia en su seno con simpatía y múltiples muestras de solidaridad y esperanza. Todo esto fue particularmente cierto en los casos del Superintendente de Escuelas, Dr. Frank Whalen, y los directores de los planteles escolares del área; del Padre Damián Baker, párroco de la Iglesia de San Anselmo y sus coadjutores; del reverendo Agustín Alvira, pastor de la Iglesia Metodista vecina, quien fuera consecuente amigo mío, y los ministros de otras sectas protestantes. Yo era, frecuentemente, el invitado especial en las graduaciones y otras actividades escolares, actos cívicos y religiosos. Los pequeños comerciantes (comúnmente llamados bodegueros), los dueños de cafetines ("candy-stores"), además de los hombres de negocios y farmacéuticos puertorriqueños no tardaron en identificarse conmigo y a menudo utilizaban Melrose House para celebrar reuniones, para las cuales requerían mi participación. Por otro lado, el *Bronx Home News,* el diario del condado, en una serie de artículos suscritos por su redactora, Henriette de Sieyes, resaltaba la gestión de Melrose House y su director en pro de los recién llegados de Puerto Rico.[6]

El programa de Melrose House estaba orientado a servir los intereses de la familia, en particular, de las familias de escasos recursos económicos, de poca o ninguna escolaridad, trasplantada del trópico.

Se comenzó por formalizar el acuerdo con el Departamento de Bienestar Público (hoy de Servicios Sociales), mediante el cual dicha agencia proveería el presupuesto para operar la guardería ("Day Care Center for Children of Working Mothers"), haría las reparaciones que requería la estructura y proveería el equipo necesario.

---

6. *Ver* Appendix A22. —*Ed.*

Simultáneamente se atrajeron una tropa de Boy Scouts y otra de Camp Fire Girls a hacer uso de nuevo de las facilidades de la casa. Y se organizó, con la cooperación de algunas madres del vecindario, una tropa de Cub Scouts (cachorros).

Con relativo éxito se celebró una serie de conferencias sobre diversos temas de salud, con la participación de médicos hispano parlantes, utilizando las facilidades de las escuelas públicas del sector. Apunto lo de "relativo éxito" porque, desafortunadamente, varios de los médicos comprometidos a participar nos dejaron al público y a mí esperando por su presencia.

A manera de extensión de las clases nocturnas de inglés para adultos que se ofrecían en varias escuelas públicas de la demarcación, se organizaron y condujeron clases similares en Melrose House, dos veces por semana, conducidas por un maestro provisto por la Junta de Educación.

A los adolescentes ("teen-agers") varones se le dio la oportunidad de participar en clubes de propósitos deportivos y culturales, que se organizaron con el concurso de estudiantes del Colegio de la Ciudad de Nueva York (City College of the City of New York). Asignados a Melrose House por el Departamento de Sociología de dicha institución, los estudiantes ofrecían gratis sus servicios, a cambio del crédito que recibían de CCNY. Para las actividades puramente deportivas se utilizaba el gimnasio de una escuela pública cercana. Este servicio fue posible merced al interés que puso en ayudar a Melrose House el entonces Director del Departamento de Sociología de CCNY, el notable educador sureño, Dr. Brown.

El viernes, por la noche, se celebraba el baile de adolescentes ("teen-agers"), de ambos sexos, en el salón de la guardería, donde se apiñaban algunos doscientos jovencitos. Esta actividad la supervisábamos personalmente mi esposa Carmen, maestra de instrucción pública y yo.

A través de Melrose House, niños de ambos sexos, de familias de escasos recursos, podían asistir a campamentos de verano fuera de la ciudad, durante dos semanas. Este servicio lo ofrecía gratuitamente la entidad conocida como Herald Tribune Fresh Air Fund, que patrocinaba el influyente rotativo *New York Herald Tribune*. Pero, no muchos niños del vecindario se aprovechaban de esa oportunidad. Solían inscribirse para ir al campamento y luego se arrepentían o sus padres cambiaban de parecer. Como comentara conmigo el buen obrero de la causa puertorriqueña en Manhattan, reverendo Edicer N. Rodríguez – Pastor de la Primera Iglesia Evangélica Española, había más plazas en campamentos disponibles que niños para ocuparlas.

Los fondos para el sostenimiento de Melrose House provenían de diversas fuentes, mas sólo dos de éstas podían considerarse seguras. Una era la asignación mensual, fija, que hacía el Departamento de Bienestar Público para la guardería y la otra la aportación anual de "The Greater New York Welfare Fund," una organización privada, con destino al centro comunal. Esta última aumentó sustancialmente durante mi incumbencia, gracias al positivo interés del Administrador del GNYWF y, en particular, de la subadministradora, Sra. Natalie Linderhorm, en la obra de Melrose House.

Por otra parte, un comité de ciudadanos que yo organizara, el cual presidió el distinguido ingeniero, D. Luis M. Vidal – puertorriqueño, natural de Bayamón y antiguo residente de la urbe – llevó a cabo una activa recaudación de donativos, por correo y a través de contactos personales. Esta campaña produjo varios miles de dólares, que aportaron puertorriqueños y norteamericanos, entre ellos, el próspero comerciante Mario González Levy. De eficaz ayuda en esa empresa fue un folleto descriptivo de las actividades de Melrose House, el cual preparó, generosamente, un hábil relacionista público.

Otros fondos de menor cuantía se obtuvieron mediante una velada en el salón de actos de la Escuela Vocacional Jane Addams, con la destacada actuación del comediante peruano, Alberto de Lima, quien también donó sus servicios.

Estas y otras maneras legítimas de allegar fondos habrían de continuar en años sucesivos.

12

Melrose House – Y el impacto de la Gran Migración

En el ámbito del Bronx, más aún, en todo Nueva York, se comentaba con creciente emoción y coraje la presencia, cada vez más visible, de los migrantes puertorriqueños. No parecía resentirse tanto la no menos fuerte corriente migratoria procedente de los estados del sur. Las series de artículos, ilustrados con fotografías de los aviones que llegaban de San Juan repletos de migrantes de todas las edades; de las condiciones en que quedaban las cabinas de las aeronaves al desembarcar los pasajeros y del hacinamiento en que los recién llegados se veían forzados a vivir alarmaban a los antiguos residentes y contribuían a caldear el clima de desasosiego prevaleciente.[7]

Por aquellos días surgió aquello del "sistema de cama caliente," que, alegadamente se había implantado en los hogares puertorriqueños, por mor de la falta de facilidades para alojar a los recién llegados.[8]

---

7. Para ver ejemplos de la cobertura periodística del discrimen y de las condiciones de vida de los puertorriqueños en el Bronx, *ver* Appendix A10. —*Ed.*

8. El "sistema de cama caliente" se refiere a condiciones de vida hacinadas que requerían que varias personas durmieran en una sola cama por turnos. —*Ed.*

Interpretando el sentir de un considerable sector de antiguos residentes, un norteamericano de primera generación, asimilado y de ocupación comerciante, me señaló:

- Lo que ocurre es que los antiguos residentes están atemorizados. Les parece ver un ladrón o exconvicto en cada persona que oyen hablar español a su alrededor.

Por obligación profesional yo debía asistir y de hecho asistía, a las reuniones ocasionales que se celebraban en el auditórium de la firma Sachs Quality Stores, con asistencia de representantes de las organizaciones sociales, cívicas y religiosas del Bronx; de las escuelas y la policía. El vicepresidente de dicha tienda por departamentos, Philip ("Phil") H. Michaels, era el tesorero de Melrose House, además de un firme sostenedor de este centro y amigo mío.

En aquellas reuniones se pedía – más bien se exigía – protección policíaca para las instituciones y la ciudadanía del Bronx. Escuchar las manifestaciones que en ellas se hacían era como oír el clamor de una comunidad que se desintegraba. Sus antiguos residentes – blancos, anglo parlantes – obviamente estaban en plan de ubicarse en otros lugares de la urbe y, mientras tanto, revelábanse preocupados por su seguridad personal.

Curiosamente, entre los puertorriqueños, existían tres categorías. Una de éstas, la que peyorativamente se le denominaba de los "Marine Tigers," una referencia al hecho de haber arribado a Nueva York a bordo del buque transporte del mismo nombre. Con tarifas razonables, dicha embarcación realizó varios viajes, iniciados en San Juan, trayendo a Nueva York las primeras oleadas de migrantes, al terminar la Gran Guerra. Otra categoría era la de los migrantes que llegaron posteriormente por la vía aérea, los cuales insistían en hacer claro que no lo habían hecho en el

"Marine Tiger." Y una tercera, la más sofisticada, era la los compatriotas – antiguos residentes – llegados a la metrópoli antes de la Gran Guerra.

Profunda pena me causa recordar cómo algunos de estos antiguos residentes se aprovechaban de la inexperiencia de sus paisanos recién llegados para timarles los pocos dólares que traían consigo.

El primer atraco ocurría en el aeropuerto, cuando el recién llegado confiando en el paisano que le ofrecía transportación hasta su destino, descubría poco después haber pagado dos o más veces el importe del viaje.

La "venta" de apartamentos o cuartos amueblados a precios excesivos, lo cual no era otra cosa que facilitar la ocupación de unidades de viviendas disponibles era el más popular de los negocios. Un truco habitual consistía en anunciar, verbalmente, supuestas próximas vacantes en multipisos, aceptar depósitos para ocuparlas y en el ínterin desaparecerse con el dinero. Otro viejo truco, puesto de nuevo en práctica, era engañar al aspirante con la consecución de un empleo en alguna fábrica; cobrarle al obrero una cuota que el agente dividía con el capataz del establecimiento y, en término de una semana el capataz lo daría de baja, para colocar a otro, mediante el mismo procedimiento.

Por otro lado, la conducta de ciertos paisanos era contraria a las normas aceptables entre gente civilizada. Un compatriota, farmacéutico de profesión, que regentaba su propia farmacia, se me querelló del comportamiento de jóvenes, inquilinos suyos en una casa de cuartos amueblados ubicada en la Avenida Jackson, a unos pasos de la estación del metro. Conforme a su relato, dichos jóvenes no defecaban en los inodoros provistos en la citada casa, sino en periódicos que luego lanzaban a la vía pública, provocando con ello la repulsa indignada de los viandantes.

Rafael de Jesús Estrella, otro compatriota de profesión farmacéutico y dueño de una farmacia en la esquina de las avenidas Westchester y Prospect, vino a verme una mañana para urgirme que asistiera a una reunión de representativos puertorriqueños que se celebraría en la noche del mismo día en la Avenida Westchester, cercano tanto a Melrose House como a su establecimiento. Rafael, que era miembro de la Junta de Directores del centro comunal, reflejaba en su rostro la preocupación e indignación que sentía ante la serie de artículos que publicaba el *New York World Telegram*, bajo la firma de su redactor, Alan Keller. Identificado como estaba yo con esos sentimientos, asistí a dicha reunión y, posteriormente, a dos o más reuniones celebradas en Manhattan. En esta primera ocasión, saludé a un antiguo conocido, el carismático líder político Dr. José Negrón Cesteros, mejor conocido por Dr. José N. Cesteros, Presidente, durante muchos años, de la Sección Puertorriqueña-Hispana del Partido Demócrata. Así se reanudó una relación de mutua simpatía, iniciada siendo yo estudiante de trabajo social en Nueva York, la cual se convirtió, con el tiempo, en íntima amistad.

Por aquellos días aciagos del año 1947, se llevó a cabo una vociferante demostración de protesta frente a la redacción del periódico *New York World Telegram*, promovida por mis paisanos del Este de Harlem, encabezada por el Congresista Vito Marcantonio.[9]

---

9. *Ver* Appendix A12. —*Ed.*

Al día siguiente de aquella demostración, visité yo la redacción del citado rotativo siendo recibido, de inmediato, por su editor, Mr. Wood, ante quien protesté del sensacionalismo y de ciertas inexactitudes de los artículos de Alan Keller. Mr. Wood me respondió diciendo que "ustedes (los puertorriqueños) sólo pueden alegar en su favor que son ciudadanos americanos." Y me pidió que le señalara alguna inexactitud en los artículos. Rápidamente me referí al aserto de que puertorriqueños que padecen de diferentes enfermedades contagiosas estuvieran bregando con comidas en cafeterías y restaurantes a través de la ciudad, lo que califiqué de falso e injusto. Y, a propósito, le pregunté cómo se explicaba que cada trabajador de esa industria poseyera un certificado de buena salud, expedido por la autoridad neoyorquina correspondiente. Mr. Wood cotejó el periódico y verificó la irresponsable aseveración de Alan Keller. Me prometió que se rectificaría el tal aserto en el próximo artículo de Keller y así se hizo.

Años más tarde conocí socialmente a Mr. Wood en el hogar de Amalia Guerrero, que presidía la sociedad "Amigos de Puerto Rico." Durante mi conversación con Mr. Wood, éste me manifestó su vivo deseo de que el *New York World Telegram* tuviera un redactor puertorriqueño. Le hablé de Frank Ramos, recién graduado de periodismo, y me dijo que lo colocaría enseguida. Ramos, sin embargo, prefirió venir a Puerto Rico a trabajar en el *San Juan Star*.

La más concurrida y quizás más importante de las reuniones a que yo asistiera para tomar acuerdos contra la tormenta publicitaria que nos azotaba se llevó a cabo en la sede de la "United Maritime Union" (UMU), donde había un activo joven puertorriqueño que se desempeñaba corno agente de empleo. Allí se dieron cita numerosos representativos de nuestra comunidad, de todos los niveles económicosociales. La reunión se celebró en el amplio salón de conferencias de la Unión, alrededor de una mesa provista de cómodas sillas; sus paredes cubiertas de lujoso cortinaje color rojo y su piso con alfombra de pared a pared, del mismo color. Detrás de la silla ejecutiva, a la cabecera de la mesa, colgaba un enorme Óleo – adivinen mis lectores de quién: ¡Nada menos que del dictador soviético, José Stalin!

Confieso que me sentí incómodo, fuera de sitio, apesadumbrado en aquel escenario. Presumo que otros concurrentes se sentirían igual que yo, aunque. ninguno me lo manifestara. De hecho, yo era un desconocido en aquel grupo.

El agente de empleo que me fuera presentado en esa ocasión y, presumiblemente, la persona que facilitara la celebración de la reunión en aquel lugar, fue, más tarde, un colaborador eficaz mío en la gestión de proveer trabajo a obreros puertorriqueños en la marina mercante de Estados Unidos, a través de la UMU. Para entonces era yo Director de la Oficina de Empleo y Migración de Puerto Rico, en Nueva York. Mientras tanto, asumió la presidencia de UMU Joseph Curran, quien se dio a la tarea de eliminar de esa sindical a comunistas y "compañeros de viaje." Y una mañana se personó en mi despacho el referido agente, presa de gran conturbación, para solicitar que le ayudara a retener su puesto en la Unión. Le prometí hacerlo y aquel mismo día me dirigí por carta a Joseph Curran, pidiéndole que reconsiderara el caso de mi compatriota, a base de la buena reputación de que gozaba éste en la comunidad y la utilidad de los servicios prestados a la Unión y a nuestra agencia. El líder sindical lo confirmó en su cargo, dándome la satisfacción de reciprocar, efectivamente, la colaboración de mi paisano.

Durante los dos años y medio que duró mi incumbencia en Melrose House, aumenté mi vocabulario de inglés con expresiones que le oía decir y repetir a mis conciudadanos norteamericanos. He aquí algunas de éstas: "Hot bed system" (sistema de cama caliente, previamente mencionada); "Racial tensions"; "No discrimination because of race, color or creed, or national origin"; "handicapped personality" (una referencia a los que albergan prejuicios raciales); "inter-racial, inter-faith, inter-cultural activities" (las que insistía en recomendar mi amigo, Phil Michaels, para propiciar la convivencia entre los residentes del Bronx). Y la mar de otras que con el tiempo he olvidado.

Por otro lado, de un próspero comerciante del Este de Harlem, compatriota mío, conocí de la existencia de una nueva raza, por cierto en simpatía con los puertorriqueños. Discutiendo el dilema en que nos hallábamos, observaba mi paisano que sólo había una "racita" en solidaridad con nosotros, la cual era, según él, la dominicana... Y en la misma ocasión el compatriota de marras reveló un detalle de su éxito en los negocios:

– Contrario al estilo de mis paisanos que caminan en puntillitas cuando acuden a una cita, yo lo hago taconeando, para que se advierta que he llegado.

Mas de un judío argentino, ferretero de ocupación, escuché una observación que me pareció acertada. Díjome él:

– La actitud que limita la oportunidad del puertorriqueño es su falta de perseverancia. El puertorriqueño se desanima muy pronto. No insiste en lograr lo que pretende. Si no obtiene lo que desea la primera vez, no vuelve sus pasos atrás.

13

De cómo fui a dirigir la oficina de empleo y migración

Transcurría el otoño de 1947. Alumbrados por la luz solar, los días eran más cortos; las noches más largas y frías. Las hojas de los árboles, otrora verdes, eran entonces amarillas y/o rojas y caían paulatinamente sobre el césped cubriéndolo de hojarasca. Los bosques perdían su verdor y se tornaban multicolores, anticipando la proximidad del invierno. ¡Fascinantemente bello es el espectáculo que ofrece la mudanza de las hojas en las zonas templadas!

La presencia de Melrose House en el ámbito del sector sur del Bronx – más aún, en la ciudad de Nueva York – estaba bien cimentada. La colectividad puertorriqueña, que era la razón de su existencia, el Consejo de Bienestar Social de la ciudad y su filial del Bronx, y las agencias con las cuales Melrose House había establecido relaciones estaban conscientes de su presencia y lo que ella representaba. Advertido de sus limitados recursos y ambicioso programa, Stanley ('Steve') Brody, Director Ejecutivo del Consejo de Bienestar Social del Bronx, había bondadosamente observado que Melrose House era su Director.

El centro comunal funcionaba con limitaciones económicas y de espacio. Sólo uno de sus programas – la guardería para niños de madres que trabajaban fuera del hogar – no tenia dificultad económica porque su presupuesto era provisto por el Departamento de Bienestar Público. No obstante, los patrocinadores de Melrose House, auxiliados por un grupo de buenos puertorriqueños que presidía el Ing. Don Luis M. Vidal, brindábanle estímulo y apoyo al Director colaborando en la tarea de allegar los recursos económicos necesarios.

Una cierta mañana, mientras despachaba en mi oficina, me sorprendió recibir por la vía telefónica, una invitación para reunirme con el Comisionado del Trabajo de Puerto Rico, Fernando Sierra Berdecía. Este, según mi interlocutor, Salvador Torres Mazzorana, se hallaba en la ciudad y entrevistaba a lideres puertorriqueños en relación con una proyectada agencia del Gobierno de Puerto Rico de Nueva York. Torres Mazzorana, a quien yo no conocía, me manifestó ser el Jefe de la Oficina de Identificación del Departamento del Trabajo de Puerto Rico en la urbe.

Ningún esfuerzo me tomó pedirle a Torres Mazzorana que tuviera la bondad de darle mis excusas a su jefe, el Comisionado Sierra Berdecía, porque, lamentablemente, mis compromisos con Melrose House me impedían ir a verle. Y, además, que le expresara mis buenos deseos de éxito en su gestión.

Terminada mi breve conversación con Torres Mazzorana, me dije: ningún propósito útil serviría el desatender yo mi obligación para ir a Manhattan (sede la Oficina de Identificación) a dialogar con el Comisionado Sierra Berdecía y fungir con él de líder, que no lo soy. Demasiado muchos lideres hay entre nosotros que pueden orientarle. Sierra Berdecía y yo no nos conocemos:

apenas nos hemos cruzado en la calle media docena de veces. Me consta que él es un escritor, un alto funcionario del Gobierno de Puerto Rico y líder de un partido político, que yo no favorecí. Ni mis opiniones ni mi persona pueden ser confiables para él. ¿Por qué perder el tiempo exponiéndole mis ideas sobre la propuesta agencia?

Minutos después, cuando todavía estaba yo sumido en esas reflexiones, volvió a sonar el teléfono. Esta vez me comunicaba Torres Mazzorana que si yo no podía ir a ver al Comisionado, éste vendría a verme a mi y que, a ese efecto, hiciéramos una cita.

La Junta de Directores de Melrose House celebraría reunión aquel mismo día, por la noche, y Sierra Berdecía fue invitado por mí a asistir a la reuni6n. Terminado el acto y ya en la acera frente al centro comunal, el Comisionado me habló de los planes del Gobierno de Puerto Rico de establecer una Oficina de Empleo y Migración en Nueva York. Quiso saber si yo estaría interesado en que se me considerara para dirigir dicha agencia, tras lo cual le señalé que en la ciudad había distintas personas con suficiente idoneidad para asumir ese cargo. Por su parte, el Comisionado insistió en que quería considerarme a mí, entre otros candidatos; que sometiera mi solicitud y que me mantendría infernado del resultado de sus gestiones ante la Legislatura.

Mientras dialogaba con el Comisionado se me ocurrió que, obviamente, más de una persona habíale hablado con encomio de mi y de la obra que hacía frente a Melrose House. Empero, sin revelarle mi reacción ante su aparente sincero propósito de considerarme para dirigir la propuesta agencia, pensé de esta manera: si sometiera mi solicitud y no fuese seleccionado para el cargo, no podría luego desaprobar ninguna acción que considerara equivocada de esa agencia. Si lo hiciera, se alegaría que actúo por despecho. En esta circunstancia, no debo someter mi solicitud.

Durante la reunión de la Junta de Directores que acababa de celebrarse, Philip Michaels, Vicepresidente de Sachs Quality Stores y Tesorero de Melrose House, gentilmente invitó al Comisionado a un almuerzo en el auditórium de su tienda, a celebrarse dos o tres días después. A este ágape, muy interesante y agradable, asistieron distinguidas personalidades norteamericanas y puertorriqueñas del Bronx y Manhattan, interesadas en la situación de nuestros compatriotas y en el papel que desempeñaba Melrose House.

Al cabo de algunas semanas, tuve noticias del Comisionado. La Legislatura y el Gobernador habían aprobado la asignación de fondos para la propuesta agencia. El Comisionado quería saber si yo aceptaría ser nombrado para dirigirla. Nuevamente, esta vez por escrito, le repetí que había otras personas idóneas para el cargo y que él debía evitar cualquier inconveniente que mi designación pudiera causarle. Yo estaba consciente de que podría no gozar de la confianza del partido de gobierno. A esto respondió el Comisionado extendiéndome el nombramiento. Esto fue el 22 de diciembre de 1947. Asumí el cargo el 16 de enero de 1948.

Posteriormente, cuando ya me desempeñaba en el cargo, me dijo el Comisionado que, al consultar mi nombramiento con el entonces Gobernador Jesús T. Piñero, éste le había manifestado que de mantener yo mi indecisión en aceptar el cargo, procedía que se me "reclutase."[10] Aquí cabe agregar que durante y después de mi incumbencia como director de la Oficina de Empleo y Migración, mis relaciones con el Gobernador Piñero fueron francas, satisfactorias y cordiales.

---

10. *Ver* Appendix A10.

14

De la Oficina de Empleo y Migración

Vasta, útil e ingrata fue mi experiencia en la Oficina de Empleo y Migración, generalmente conocida por Oficina de Puerto Rico en Nueva York. A esa experiencia debo el haber conocido mejor aún la forma de vida y la desesperanza de tantos paisanos que se trasladan a la urbe neoyorquina en plan de radicarse allí, desprovistos del equipo necesario para integrarse a aquella sociedad. Ese equipo lo componen el conocimiento del idioma inglés, siquiera sea rudimentario: destrezas aprovechables y firme propósito de superación. Si faltaren las dos primeras condiciones, sobran allí facilidades para obtenerlas.

Marginados por su escasa o ninguna escolaridad, faltos de destrezas útiles y hábitos de trabajo, millares de hermanos nuestros vivían (y viven) en extrema pobreza, acogidos a la asistencia pública. La Oficina de Empleo y Migración se esforzó diligentemente por ayudar a éstos y a sus compatriotas recién llegados de Puerto Rico, obreros diestros y profesionales.

Las diferentes secciones de la agencia estaban dirigidas por personal idóneo, a saber: el Dr. José J. Osuna, ex-Decano del Colegio de Educación, Universidad de Puerto Rico, a cargo de la Sección de Educación, con título de consultante; Paquita Bou, trabajadora social con experiencia en ayuda a desplazados de la Segunda Guerra; Mary Antoinette Cannon, trabajadora social de larga experiencia en la metrópoli. La primera, al frente de la Sección de Empleo y la segunda, en la Sección de Servicios Sociales. Eulalio (Lalo) Torres, antiguo empleado del Departamento del Trabajo, a cargo de la Sección de Trabajo Agrícola. Con Lalo colaboraban dos otros competentes y dedicados servidores públicos: William D. López, que se había desempeñado como Subcomisionado del Trabajo, durante la administración de Don Prudencio Rivera Martínez y Carlos Gómez, reclutado en Nueva York.

Cuando, por razón de salud, se retiró el Dr. Osuna, le sucedieron, sucesivamente, el Dr. Arturo Morales Carrión, que a la sazón cursaba estudios avanzados en la Universidad de Columbia, y la profesora universitaria, con muchos años de residencia en Nueva York, Eloísa Rivera de García. Al retirarse ésta, el Comisionado Fernando Sierra Berdecía, designó a un conocido suyo, Clarence Senior. Este había dirigido el Centro de Estudios Sociales de la Universidad de Puerto Rico y colaborado, posteriormente, con el Dr. C. Wright Mills, de la Universidad de Columbia, en un estudio de la migración puertorriqueña a Nueva York, hecho a solicitud del y financiado por el Gobierno de Puerto Rico. Su título: *The Puerto Rican Journey – New York's Newest Migrants*, Harper Brothers, 1950.

Tanto el estudio del Dr. Mills como el establecimiento de la Oficina de Empleo y Migración tuvieron el propósito de calmar la protesta pública – reflejada en intermitentes reportajes en periódicos y revistas – y de las autoridades de Nueva York por la fuerte migración puertorriqueña hacia la urbe y su impacto en las agencias públicas y privadas.

Como subdirectora de la recién creada agencia se desempeñó por espacio de poco más de dos años Stella Draper, designada por el Comisionado del Trabajo, presumo que a iniciativa del Gobernador Jesús T. Piñero.

Stella había sido secretaria de Ernest Gruening, cuando éste fue Director del Negociado de Territorios y Posesiones, Departamento de lo Interior, de Estados Unidos, y, posteriormente, siendo Gruening gobernador de Alaska. Personal de excepcional competencia, Stella actuaba de Jefe de Oficina, preparaba y revisaba la correspondencia en inglés que salía de la agencia.

Yo tuve a mi cargo la administración y supervisión general de la Oficina y sus relaciones públicas: contactos con la comunidad y las agencias públicas y privadas.

En el ámbito del empleo, que era objetivo primordial nuestro, procuré y obtuve la valiosa cooperación de compatriotas y otros agentes de la industria de servicios y diferentes sindicatos, entre éstos, el Distrito 65, lo cual hizo posible que paulatinamente se colocaran miles de trabajadores no diestros en hoteles, cafeterías, talleres y hospitales. Mario Abreu, del Distrito 65; Mike Ortiz, de la Unión de Empleados de Cafetería; Joe Alonso, del Hospital Bellevue, y otros cuyos nombres escapan a mi memoria colaboraron con admirable constancia y efectividad en este esfuerzo.

Muchas horas y gran empeño hube de dedicar a la interpretación del porqué de la fuerte migración de mis paisanos a Nueva York y otras áreas de Estados Unidos; de la cultura y potencialidades de progreso de los migrantes con los periodistas que frecuentemente acudían a mi en pos de información. Estos periodistas pertenecían a dos categorías. Unos trabajaban para diarios o revistas y otros eran los llamados "free lance writers" o agentes libres que preparaban reportajes para ofrecerlos a la publicación que los interesara. Me satisface haber logrado disipar de las mentes de algunos de ellos los errores y prejuicios que sustentaban respecto a nosotros.

Los más sensatos de aquellos periodistas no sólo publicaron reportajes objetivos sobre los puertorriqueños y su forma de vida, sino que se convirtieron en amigos nuestros y de Puerto Rico. Entre éstos Charles Grutzner y Peter Khiss, del *New York Times*.[11] A tal extremo fue esto así que en cierta ocasión en que el fenecido Ángel Ramos, Editor y dueño de *El Mundo*, de San Juan, visitara París, se sorprendió leer en el *Herald Tribune*, edición de aquella capital, una información muy satisfactoria sobre la situación puertorriqueña en Nueva York, en la cual se citaban declaraciones mías. Y le envió el recorte al Comisionado del Trabajo.

Desafortunadamente, las manifestaciones mías que de vez en cuando aparecían en el *New York Times* y otras publicaciones lejos de recibirse con agrado en ciertos círculos, causaban mal disimulado enojo.

En septiembre de 1949, el entonces Alcalde William O'Dwyer, creó el Comité del Alcalde para Asuntos Puertorriqueños en Nueva York con el laudable propósito de coordinar los servicios de los departamentos y agencias municipales e instituciones particulares en beneficio de nuestros paisanos en la urbe. El Comisionado de Bienestar Público Raymond M. Hilliard fue designado por el Alcalde para presidir dicho comité, compuesto de unos cincuenta

---

11. *Ver* Appendix A13, 16–19, 23. —*Ed.*

representativos de la comunidad – norteamericanos y puertorriqueños – y funcionarios de la Administración.[12] También el Alcalde me designó a mi vicepresidente del comité.[13]

A poco de iniciar su trabajo el mencionado comité, el Alcalde anunció la creación de cincuenta nuevas plazas de investigadores sociales en el Departamento de Bienestar Público para desempeñarse por personas con conocimiento del idioma español. E instruyó al Comisionado Hilliard que procediera a reclutarlas.

El Comité del Alcalde, presidido primeramente por Raymond M. Hilliard y años más tarde por Edward G. Miller, exAsistente para Asuntos Latinoamericanos del Secretario de Estado y natural de Puerto Rico, cumplió a cabalidad su cometido. La comunidad puertorriqueña de Nueva York y Puerto Rico mismo fueron beneficiarios de su obra. En lo que a Puerto Rico se refiere, cabe señalar que cuando en 1950 el Congreso de Estados Unidos consideró la extensión del Seguro Social a la Isla, surgió allí fuerte oposición a ello. El Comité y el propio Alcalde y numerosas instituciones de la ciudad, estimuladas por el Comité, se dirigieron a la delegación congresional de Nueva York en Washington urgiendo la extensión del Seguro Social a Puerto Rico.[14] Y así lo dispuso el Congreso. El entonces Comisionado Residente de Estados Unidos, Dr. Antonio Fernós Isern reconoció cuán efectiva había sido la campaña del Comité para que se extendiera el Seguro Social a la Isla. En una comunicación dirigida al Gobernador de Puerto Rico, el Dr. Fernós Isern expresó su reconocimiento en estas o parecidas palabras: "los amigos de Nueva York se portaron como buenos y merecen nuestra gratitud y felicitaciones."

12. *Ver* Appendix A16–19. —*Ed.*
13. *Ver* Appendix A16–19. —*Ed.*
14. *Ver* Appendix A19. —*Ed.*

Yo tuve el privilegio de tener bajo mi inmediata responsabilidad los asuntos del Comité del Alcalde desde su inicio hasta nueve años después, cuando se disolviera. Y por espacio de trece años, hasta 1965, una creación suya: el Fondo de Becas para Estudiantes Puertorriqueños de Nueva York (N.Y. Puerto Rican Scholarship Fund, Inc.), del cual fue único presidente el Dr. Rafael A. Marín.

Una memoria de los logros del Comité durante el período comprendido entre Septiembre de 1949 y Septiembre de 1953 consta en el informe sometido por Raymond M. Hilliard al entonces Alcalde de Nueva York, Vincent R. Impellitteri. Esta memoria debe estar en el archivo del Ayuntamiento y en la Biblioteca Pública de la Ciudad. En esta última, merced a la gestión de mi hijo, José, se encuentra el archivo del Fondo de Becas. Ambos, la Memoria y el Archivo, contienen amplia información de particular interés para los estudiantes de origen puertorriqueño en colegios y universidades de Nueva York.

Mi conexión con la Oficina de Empleo y Migración cesó en el verano de 1951, cuando pasé a ocupar el cargo de Secretario Auxiliar de la Comisión para el Cuidado de Niños fuera de su Hogar (New York City Commission for the Foster Care of Children).

Durante mi incumbencia en la Oficina de Empleo y Migración me esforcé por servir con lealtad, diligentemente, los intereses de los trabajadores agrícolas migrantes, visitando, siempre que fue necesario hacerlo, los campamentos donde ellos estaban albergados y discutiendo sus problemas y quejas con los administradores de esos establecimientos. También visité, con igual propósito, a ciertos trabajadores que vivían en las propias fincas donde trabajaban. Recuerdo que, en un caso específico, los trabajadores no se querellaban de las condiciones de trabajo ni del trato que recibían del agricultor y su esposa, sino de la hostilidad que en su contra hallaban en la comunidad vecina. La imposibilidad de nuestros muchachos de comunicarse en inglés con el cantinero del bar a donde iban por unas cervezas o con el taquillero del teatro o el policía era el factor de la desavenencia. En evitación de incidentes desagradables, el mismo agricultor acompañaba a sus trabajadores en sus visitas a la población.

Entre las observaciones – en general sensatas – que el Comisionado me hiciera a poco de comenzar a desempeñarme como Director de la Oficina, hubo una que, naturalmente, yo habría de ignorar. Refiriéndose a cuál debía ser mi actitud ante las quejas que presentaran los trabajadores, el Comisionado me dijo:

— Recuerda, Manolo, que si el trabajador no tiene la razón, tú se la darás.

Los contratos de los trabajadores agrícolas que irían de la Isla a New Jersey, Pennsylvania, Nueva York y otras áreas de Estados Unidos durante la primavera y el verano se negociaban en San Juan. De una parte, el Comisionado asesorado por el abogado de la Oficina, y de otra, el representante de la organización o firma interesada en emplear a los obreros. Jamás tuve yo intervención alguna en esas negociaciones.

Allá para la primavera de 1950, varios miles de trabajadores agrícolas fueron a Michigan a trabajar en la siembra, cultivo y cosecha de remolacha, mediante contrato con una agencia de Saginaw, denominada Michigan Crops. Era éste un tipo de faena hasta entonces desconocido por nuestros trabajadores, que pronto se sintieron desengañados por la índole de las tareas y la falta de pago. Debían aguardar hasta completar la cosecha para cobrar sus haberes, aunque, en muchos casos, los agricultores les anticipaban parte del pago. Esos trabajadores no estaban alojados en campamentos, sino desparramados en centenares de fincas. Y la comunicación entre obrero y patrón era ciertamente difícil, debido a la barrera del idioma. En algunas fincas actuaban de intérpretes obreros mexicanos migrantes, procedentes de Tejas y otros estados del suroeste.

El clamor de la protesta de los trabajadores que se hallaban en Michigan repercutió en la prensa y en todo el ámbito del país, lo que hizo que la Legislatura aprobara una fuerte asignación de fondos para compensarlos y devolverlos a la Isla. Algunos de esos obreros fueron a parar a Tejas y otros estados del suroeste de EE.UU. en compañía de sus colegas mexicanos, a donde hubo que ir por ellos. Mientras tanto, se comprobó que la agencia contratante de los trabajadores carecía de responsabilidad económica y que la fianza depositada para garantizar el cumplimiento del contrato era insignificante.

Ciertamente, el Comisionado gestionó y obtuvo ayuda económica para los trabajadores afectados en la aventura de Michigan y todo el personal de la Oficina colaboró hasta el límite de sus posibilidades en la prestación de auxilio a dichos trabajadores.

Algún tiempo después del infortunado episodio de Michigan, el Comisionado se personó en Nueva York de imprevisto, ubicándose en un hotel contiguo a la Oficina. Temprano, una mañana, se comunicó conmigo por teléfono y me pidió que fuera a verle de inmediato. Así lo hice. Lo noté preocupado, nervioso, como si estuviera fuera de sí. Y lo que más me extrañó fue escucharle decir y repetir "tengo dinamita en mis manos," para describir su estado de ánimo. Sin entrar en explicaciones, me ordenó que volviera a la Oficina y le informara a Stella Draper y a Eloísa Rivera de García que estaban cesanteadas desde ese momento. De paso me advirtió que esperaría en el hotel mi aviso de que ambas empleadas habían sido notificadas y abandonado el recinto.

Cumplí con la orden del Comisionado, hablando brevemente con ambas empleadas. Stella recibió el mensaje que yo le trasmitía con evidente estoicismo, aunque su rostro palideció mientras me escuchaba. Su único comentario al despedirse de mi fue uno que yo le había oído en otras ocasiones: "Fernando is a fool." Eloísa, por su parte, como que dudara de la autenticidad de la orden, fingió sonreír y, por un instante, me miró fijamente. Creo que todavía piensa que de mí partiera relevarla de sus responsabilidades. Nunca más volví a ver ni hablar con Stella. Y mi relación con Eloisa fue, a partir de aquel día, pro forma.

El despido fulminante, sin explicaciones, de ambas empleadas me reveló el verdadero temperamento del Comisionado. Fue una advertencia que no comprendí, no obstante el adagio que dice: "cuando veas cortar las barbas de tu vecino, pon las tuyas en remojo."

Aparte de su extraordinaria habilidad administrativa y capacidad de trabajo, Stella tenía en su haber los valiosos servicios prestados al Partido Popular en su doble condición de secretaria del Dr. Gruening – en Washington, y, según ella, amiga de Luis Muñoz Marín.

Opino que la separación de Stella sobrevino como resultado de su insistente inconformidad con un supuesto acuerdo entre el Comisionado y el entonces Gobernador de California, Earl Warren, mediante el cual trabajadores agrícolas puertorriqueños no irían a California. Alegadamente, Warren le había expresado su temor al Comisionado de que la presencia de grupos de puertorriqueños en faenas agrícolas en California crearía conflictos étnicos. Y, en evitación de éstos, había dado instrucciones al Director Estatal del Servicio de Empleo de no tramitar órdenes por trabajadores puertorriqueños.

Stella sostenía, por el contrario, que obreros agrícolas de Puerto Rico, radicados en Nueva York, estaban en libertad de aceptar la oferta que se les hacía para ir a recoger la cosecha de limones en California. Esto, argüía ella, no constituía violación al supuesto compromiso entre el Comisionado y el Gobernador.

Ante la urgente necesidad de facilitar empleo a nuestros trabajadores de Nueva York, el reiterado interés del patrón en emplearles y la presencia de éste en la ciudad, un grupo de esos trabajadores, reclutados en la Oficina, fue a California. Y ahí fue Troya. En ausencia del Comisionado en San Juan, el Subcomisionado Blás Oliveras se comunicó conmigo por teléfono para pedirme explicaciones por el envío de aquellos obreros a California. Antes de retirarse del teléfono, me preguntó si acaso yo me creía ser el Comisionado. "Claro que no, Don Blás", fue mi respuesta a su exabrupto.

Eloísa Rivera de García, a quien el Comisionado conoció en una actividad del Instituto de Puerto Rico, siendo ella presidenta de esa institución, vino a trabajar en la Oficina con el beneplácito del Comisionado. Aparentemente éste había resuelto sustituirla por Clarence Senior pues al crearse la vacante por separación de Eloísa, de inmediato la reemplazó por Senior. El Comisionado había traído consigo de San Juan las señas de Senior y durante la mañana, después de los despidos, me informó de su intención de llamarle y ofrecerle el cargo.

En el transcurso de los meses subsiguientes, todo parecía marchar normalmente. El Comisionado me habló y escribió de su proyecto para ampliar el programa de migración y empleo en EE.UU. A ese efecto, se crearía una Oficina Nacional, de la cual sería yo el Director, y varias oficinas regionales, similares a la que ya existía en Chicago. Me pidió que le sometiera, por escrito, un plan de organización, lo cual me disponía a hacer.

Mientras tanto, Clarence Senior, habíase trasladado a Costa Rica, a conducir un estudio, que dijo, le había encomendado la organización "Twentieth Century." Se despidió diciendo que no sabía si habría de reintegrarse a la Oficina.

Algunos días después, recibí un telefonema del Comisionado inquiriendo, desde San Juan, por la dirección de Clarence Senior en Costa Rica. Se la di (Hotel Costa Rica, San José).

Apenas hubo transcurrido una semana, cuando Senior estaba de regreso en Nueva York y, temprano una mañana, me preguntó por teléfono si yo habría de estar en la Oficina en la próxima media hora. Tenía necesidad de verme, me dijo, porque había regresado de Costa Rica, vía San Juan, donde estuvo reunido con el Comisionado.

Cuando hubo tomado asiento junto a mi escritorio, me informó Senior que el Comisionado le había designado Director de la Oficina Nacional. Consigo tenía el presupuesto para ésta y varias oficinas regionales. Él tendría un sueldo de diez (10) mil dólares anuales y a mí se me aumentaban seiscientos dólares, para un sueldo anual de $6,300. Al retirarse, con aire de triunfador, me dijo:

— Lo siento, Manolo. Yo no solicité el cargo. Fernando me convenció que lo aceptara. Hablaremos luego.

Aquella mañana de abril vi mi sentencia en la pared. No podría retener el cargo que ocupaba y, peor aún, tampoco podría abandonarlo de inmediato. Permanecí a solas algunos minutos – absorto, confundido – ante lo inesperado que acababa de escuchar.

Unos tres meses pasé bajo la férula del que otrora fuera mi compañero, tratado por mí con consideración y respeto. Ignorado en lo referente a cambios en la organización de la Oficina de Nueva York y nombramiento de nuevo personal, las órdenes se me trasmitían por escrito o a través de un sujeto que el Director Nacional había nombrado su asistente.

En el ínterin el Comisionado visitó la Oficina por lo menos en dos ocasiones. Ahora había cambiado aquello de "tengo dinamita en mis manos" por otra expresión más pintoresca aún, "cargo un foete con el que le pego al que se interponga en mi camino." Se presentaba en la Oficina antes que nadie para esperar a ciertos empleados y, a través de éstos, enterarse de lo que allí ocurría. Los mismos confidentes se acercaban a mí luego para comentar sobre las indagaciones a que los sometía el Comisionado.

Dos satisfacciones dejé de proporcionarle al responsable de la situación que confrontaba mientras me disponía a abandonar aquel ingrato empleo. Una, no pedirle explicación alguna, ni mostrarle enojo por su sorpresiva mala jugada. Otra, cuando se demoró en comunicarme la aceptación de mi renuncia, urgirle – mediante una segunda misiva – que aceptara dicha renuncia. Esto, porque la norma que decía haber adoptado el Comisionado era de aceptar toda renuncia que se le presentara. Y esperar entonces a que el renunciante volviera llorando a suplicarle que dejara aquélla sin efecto.

Abandoné aquel empleo con la frente en alto, tal como comencé en él dos años y medio antes. Una sola preocupación me atormentaba: el bienestar de mi familia.

15

Frutos de una traición: De la constante persecución que contra mí mantuvieron el Comisionado y sus socios

En su interesante ensayo "El Puertorriqueño Dócil," René Marqués señala la crueldad del puertorriqueño hacia el otro puertorriqueño. En el relato a continuación se podrá apreciar a qué extremos viciosos pueden llegar unos individuos en su propósito de hundir en el anonimato – destruir, si posible – e impedir que gane el pan aquél que consideran su adversario.

En busca de empleo

Cuando ya el Comisionado había aceptado mi renuncia del cargo de Director de la Oficina de Empleo y Migración, estuve en libertad de buscar trabajo. Enterado por la prensa de que el Servicio de Salud de Estados Unidos solicitaba un trabajador social, acudí al despacho de cierto médico que habría de extender nombramiento a la persona escogida. Durante la entrevista él tomó las notas pertinentes y yo salí lleno de esperanza en ser nombrado. Me pidió volver a verle uno o dos días después. Mientras tanto, él referiría mi nombre a los supervisores inmediatos.

De nuevo volví donde el doctor. Esta vez se mostró apesadumbrado e indeciso. Yo continuaba siendo su selección, pero los supervisores se oponían a que se me nombrara. Llamados por su jefe, el doctor, acudieron a conocerme personalmente los supervisores. La conversación fue muy breve. Yo reunía los requisitos para ocupar la plaza, pero ellos "sabían" que yo no permanecería en el servicio sino por poco tiempo, hasta que hallara un empleo mejor remunerado. No valió la seguridad que yo les diera en contrario. Su actitud era negativa y su decisión, final. Obviamente, la información que obtuvieron de la Oficina de Empleo y Migración sobre mí había sido desfavorable.

Me emplea la Ciudad de Nueva York

A mis gratuitos enemigos de la Oficina de Empleo y Migración – Clarence Senior y José Monserrat – y al Comisionado mismo les tomó por sorpresa el que yo fuera a ocupar un cargo en una agencia de la Ciudad de Nueva York – The NYC Commission for the Foster Care of Children. Si no lo impidieron o trataron de impedirlo fue porque no se les consultó. El Comisionado me creía rumbo a Caridades Católicos, a donde yo iría a desempeñarme como Oficial Probatorio para adolescentes que fueran referidos a la agencia por el Tribunal de Menores o egresados de instituciones. Desde San Juan el Comisionado había enviado a Caridades Católicas un informe muy laudatorio de mi persona, en respuesta a la consulta que se le hiciera. A lo mejor no le tomó parecer a Senior al responder a Caridades Católicas.

Que yo pudiera continuar ejerciendo alguna influencia en la comunidad y en las esferas del gobierno era algo que ni Senior ni Monserrat estaban dispuestos a tolerar. Había que tender un "cordón sanitario" a mi alrededor y malquistarme con cuantos me favorecieran en y fuera del gobierno.

Crece la influencia de Senior y Monserrat

La reputación de Senior y Monserrat como dispensadores de distinciones y favores del gobierno de Puerto Rico se hizo sentir por todo ámbito de la metrópoli. El Comisionado de Bienestar Público – quien me había nombrado subsecretario de la Comisión para el Cuidado de Niños fuera de su Hogar – y diferentes otros altos funcionarios de la Administración, y el Alcalde, con sus respectivas esposas serían invitados a visitar Puerto Rico. Aquí eran agasajados por sus contrapartes y por el propio Gobernador Luis Muñoz Marín, en Fortaleza. Líderes y ejecutivos de los sindicatos de trabajadores, directores de agencias sociales, grupos de maestros y empleados de rango del gobierno también viajaron a la Isla "para conocer mejor la cultura y forma de vida de nuestra gente." También lo hicieron los directores de la Liga Urbana (Urban League) y de la Asociación para el Progreso de la Gente de Color (National Association for the Advancement of Colored People). Fue aquélla la época de oro de la Oficina de Empleo y Migración.

Fiesta de San Juan Bautista y Federación de Sociedades Hispanas

Mientras tanto, la cancillería de la Arquidiócesis de Nueva York, me designaba Presidente de la Fiesta de San Juan Bautista, cargo que ejercí por espacio de cinco años consecutivos, en colaboración con el Coordinador de Acción Católica.¹⁵ Al cesar como Presidente, permanecí como Presidente del Comité de Ciudadanos de la Fiesta. Y declinaba presidir la Federación de Sociedades Hispanas, honor que me ofrecieron sus máximos dirigentes Don Tomás Santana, Presidente de La Nacional (Sociedades Españolas Confederadas); el profesor y escritor Jesús de Galíndez y Juan Mas, empleado de hotel con conciencia cívica y arraigo en la comunidad. La Federación tenía en su haber la iniciativa y la organización del primer Desfile Hispano, celebrado en ocasión del Día Panamericano.

A los amigos Santana, Galíndez y Mas le hice comprender que presidir yo la Sociedad podría interpretarse como que entraba en competencia con el Consejo de Organizaciones Hispanas, criatura y brazo de Senior y Monserrat, lo cual no procedía que yo hiciera.

Cuando al celebrarse por segunda ocasión la Misa de San Juan Bautista en la catedral de San Patricio – siendo el celebrante el cardenal Spellman – la asistencia no fue tan nutrida como el primer año, el Padre Joseph Fitzpatrick – sociólogo, profesor de la Universidad de Fordham, con fuertes vinculaciones en la comunidad puertorriqueña – me dijo: "Fue la obra de la Oficina de Puerto Rico"...

El Coordinador de Acción católica – el primero, Monseñor Joseph Connolly; el segundo, Monseñor James A. Wilson – observó conmigo, en más de una ocasión, cómo llegaban hasta él los tiros (sniping) de los francotiradores del mismo lugar, dirigidos contra mí.

Más inaudito aún fue lo que sigue.

---

15. *Ver* Appendix A24. —*Ed.*

Edward G. Miller,
Pres. del Comité del Alcalde

Una tarde en que coincidimos en la Alcaldía de San Juan el Lic. Edward G. Miller, Presidente del Comité del Alcalde para Asuntos Puertorriqueños en Nueva York; su señora esposa y la Sra. Nancy Kefauver, esposa del senador de este apellido,[16] el Sr. Miller me llamó a un aparte relatándome una experiencia reciente con el Comisionado Fernando Sierra. Este le escribió desde San Juan solicitando, con urgencia, una cita, la cual se concertó para tener lugar en Nueva York. Posteriormente, Miller hubo de cancelar dicha cita por tener asuntos que atender en Washington. No obstante, Sierra llegó a Nueva York, como había anunciado y desde allí localizó a Miller, en Washington, invitándole a almorzar. Al acceder Miller al nuevo requerimiento, el Comisionado se trasladó en avión a Washington, donde almorzaron juntos (con cargo al Gobierno de Puerto Rico, por supuesto). Y, ¿cuál era el asunto urgente que quería plantearle Sierra? Ni más ni menos que pedirle a Miller que la administración del Comité del Alcalde y sus archivos se pusieran bajo la responsabilidad de José Monserrat, en la Oficina de Empleo y Migración. A esto se negó Miller. Y comentó conmigo cómo se despilfarraba el dinero del pueblo de Puerto Rico en cosas tan baladíes.

Miller me manifestó haberle recordado al Comisionado que el Comité era una entidad oficial de la Ciudad y debía continuar bajo la inmediata supervisión mía, por ser yo un funcionario de la Ciudad. Y, además, que él, personalmente, tenía plena confianza en mí.

---

16. Estes Kefauver fue senador por Tennessee de 1949 a 1963. —*Ed.*

Se reanuda la lucha por el control del Comité: estalla una "Bomba"

El fallido intento de arrebatarme la custodia de actas, archivo, etc. del Comité del Alcalde fue sólo una escaramuza. Mis enemigos habrían de volver a la carga. Convencieron al Alcalde Wagner de que siendo el Comité una entidad independiente debía funcionar como tal, fuera del Departamento de Bienestar Público, donde se creó y subsistió durante unos siete años. A tal efecto, el Alcalde nombraría un Secretario para el Comité. Y sus archivos se trasladarían a un local que proveería la Ciudad. El propio Miller hubo de aceptar ese plan. ¿Qué otra cosa podía hacer?

Oportunamente se anunció en la prensa el nombramiento del Secretario un aliado de Senior y Monserrat. La ceremonia de su instalación se efectuó en la Oficina de Empleo y Migración. Pena me causó confirmar la presencia en aquella ceremonia de personas que hasta entonces creí que fueran mis amigos. Uno de ellos, sin embargo, me dio detalles de lo que allí ocurrió y continúo dándome muestras de amistad. Este fue el Dr. José N. Cesteros.

Uno o dos días después, recibí un telefonema del recién instalado Secretario, avisándome que pasaría a verme en el transcurso de la próxima hora. Lo atendí cortésmente, como cumplía hacerlo. Le mostré los archivos, que desde ese momento estarían a su disposición, para ser trasladados a donde correspondiera. Pronto fueron removidos de mi oficina, con destino desconocido. La batalla, pensé, habíase perdido definitivamente. Mientras tanto, en una columna de *El Diario de Nueva York,* se proclamaban las excelsas calificaciones del flamante Secretario. Esto era para consumo de la población de habla hispana. En los diarios en inglés se le presentaba como un "Social Scientist." Confieso que nunca antes había sabido de su existencia.

15. FRUTOS DE UNA TRAICIÓN: DE LA CONSTANTE PERSECUCIÓN QUE CONTRA MÍ MANTUVIERON EL COMISIONADO Y SUS SOCIOS

De súbito cesó la campaña publicitaria a propósito del recién nombrado Secretario. "¿Qué ocurre?," inquirí de mi amigo el Dr. Cesteros, quien me dijo:

- El nombramiento no fue aprobado por la Oficina de Personal de la Ciudad. Consta en los récords de la Policía que el sujeto había sido arrestado antes, al ser sorprendido realizando un acto vergonzoso en el departamento sanitario de una estación del subterráneo.

Días después se me pedía a mi, a través de mi jefe, el Comisionado de Bienestar Público, ir a cierto edificio escolar condenado a recoger el archivo, etc. del Comité. Allí lo encontré todo, tirado en un local desprovisto de muebles, sucio y desvencijado, como el resto de la estructura. ¡A qué lugar habían ido a parar los récords de la ingente obra del Comité del Alcalde para Asuntos Puertorriqueños en Nueva York! Y, de nuevo, volvieron tan preciados documentos a mi jurisdicción inmediata.

Frustrados en su afán de hacer del Comité un instrumento suyo y posiblemente sonrojados por lo ocurrido con el nombramiento de su recomendado para el cargo de Secretario, los enemigos permanecieron quietos por algún tiempo. Pero, había que destruir el Comité, se dijeron. Y otra vez recurrieron al Alcalde Wagner.

- Ahora que se ha creado la Comisión para las Relaciones Interraciales (luego denominada de Derechos Humanos), huelga el Comité. Porque siendo los problemas de los puertorriqueños similares a los de otros grupos étnicos o minoritarios de la comunidad, no cabe señalar (single out) a los boricuas como una clase per se.

Y así se le dio el golpe de gracia al Comité, que fue entonces disuelto.

Tercera Conferencia de Migración

A final de mayo de 1960 habíase celebrado en Nueva York lo que se llamó la Tercera Conferencia de Migración, en la cual participaron funcionarios de Puerto Rico y de la Ciudad. A solicitud de Robert Low, Asistente del Alcalde, colaboré con él y Stanley Lowell en la organización de dicha conferencia.

En el banquete celebrado para culminar la conferencia, el Alcalde Wagner, personalmente, me entregó – junto a otros nueve puertorriqueños – un diploma en donde se exaltan mis servicios a la comunidad neoyorquina. En el transcurso de su presentación, el Alcalde se extendió en muy generosos elogios de mi persona.[17]

Antes, al atravesar el vestíbulo del hotel, de paso para el salón comedor, me topé con el Comisionado. Hubiera querido ignorarlo, pero no pude hacerlo. El Comisionado se acercó a mí, muy sonreído, y me dijo:

– Te felicito, Manolo, por todas las cosas buenas que sobre ti he escuchado de Robert Low, inclusive tu colaboración en la organización de la Conferencia.

Recomendaciones de la Tercera Conferencia de Migración: Episodio cómico

A solicitud del Alcalde, el Administrador Interino de la Ciudad asumió la responsabilidad de estudiar y resumir las diferentes recomendaciones que hicieron los paneles de la Conferencia y de someter un plan para implantarlos. El Comisionado de Bienestar Público, James R. Dumpson, me refirió dos o más comunicaciones

---

17. *Ver* Appendix A25. —*Ed.*

15. FRUTOS DE UNA TRAICIÓN: DE LA CONSTANTE PERSECUCIÓN QUE CONTRA MÍ MANTUVIERON EL COMISIONADO Y SUS SOCIOS

que recibiera del Administrador, pidiéndome que le ofreciera mis sugerencias en cada caso.

El Administrador tenía su oficina en la sede del Departamento de Bienestar Público, donde yo era Consultor del Comisionado. De esta manera, el Administrador y yo intercambiábamos saludos y conversábamos brevemente sobre diferentes asuntos, ocasionalmente. Recuerdo que una vez surgió el tema del informe que él debía someter al Alcalde sobre la Conferencia y me dijo:

— Sólo las sugerencias del Comisionado Dumpson resultan prácticas; las demás son inaceptables.

Una tarde, algunos días después, Dumpson me pidió que le acompañara a la Alcaldía. No me adelantó de qué se trataba. Al llegar a un pequeño salón adyacente a la Oficina del Alcalde, tomamos asiento, mas, Dumpson desapareció rápidamente, presumo que a reunirse con el Alcalde. Yo permanecí solo en aquel lugar, sentado en la primera hilera de sillas. De pronto, sentí que un grupo de personas procedentes de la Oficina del Alcalde caminaban en dirección a donde yo me encontraba. Ellas eran: Clarence Senior, José Monserrat y el Comisionado Sierra. Casi inmediatamente después aparecieron Dumpson, el Administrador y el Alcalde. Para sorpresa mía, Clarence Senior vino a saludarme, estrechándome su diestra. Sus compañeros de Empleo y Migración también me saludaron. Era la primera vez en muchos años que me encontraba con ellos tres, juntos.

Inició la reunión el Alcalde, explicando que el propósito de encontrarnos allí era escuchar el informe del Administrador sobre cómo implementar los acuerdos de la Tercera Conferencia de Migración.

Ocupó el podio el Administrador y mientras éste hacia su informe me parecía escuchar todo cuanto yo había sugerido. En resumen: Que el Alcalde designara un Comité Coordinador, compuesto de representantes de los departamentos de Salud, Bienestar Público y Vivienda, y de la Junta de Educación para considerar la ayuda especial que requirieran los puertorriqueños y ver de proporcionarla, en lo posible.

Cuando el Administrador hubo terminado, Senior, Monserrat y el Comisionado se miraron entre sí, sorprendidos, y abandonaron el salón tras el Alcalde, rumbo al despacho de éste. Ni por cortesía se despidieron, haciendo siquiera un movimiento de cabezas. Obviamente, la idea de un comité coordinador no les había agradado un ápice. ¿Qué le dijeron al Alcalde luego que terminó la reunión? Nunca lo supe; tampoco qué disposición se hizo de las recomendaciones hechas por la Conferencia de Migración. *Requiescat in Pace!*

Et tu, Brute!

Del canasto de los malos recuerdos, extraigo a dos caracteres – Luisa y Antoinette – que para la década del 50 frisaban setenta y setenta y pico años de edad, respectivamente.

Luisa era una vanidosa mujer, con ínfulas de grandeza. Había sido maestra y trabajadora social muchos años antes. Luego, su "hobby" fue pasar horas en el teléfono tejiendo intrigas. A mí me odiaba cordialmente, por haberle frustrado su ambición de convertirse en Directora de Empleo y Migración. Al salir yo de la agencia, Luisa se las arregló para ir a trabajar allí, donde trabó amistad con Antoinette.

Antoinette, quien fue a la agencia a invitación mia, era una trabajadora social retirada, de reconocido prestigio. Su presencia en Empleo y Migración fue gran ayuda a familias puertorriqueñas que confrontaban difíciles situaciones para subsistir. Las relaciones profesionales y personales entre Antoinette y yo, mientras dirigí la agencia, fueron francas y cordiales. Mas, al dar yo la espalda, la insidia de Clarence Senior de una parte y el viejo rencor de Luisa contra mí parecen haber dañado su corazón, como se verá por el detalle que sigue.

Un buen día, previa cita, aparecieron en el despacho de Raymond Hilliard, cuando éste era todavía Presidente del Comité del Alcalde, Luisa y Antoinette a malquistarme con Hilliard. Lo supe a través de Robert Rosenbluth, consejero y confidente de Hilliard. ¿Cuál fue la zancadilla que me tiraron Luisa y Antoinette con Hilliard? No la sé. Hilliard nunca me la mencionó.

Posteriormente, me encontré con Luisa y Antoinette en una reunión del Comité del Alcalde. Luisa era miembro de este grupo. Cuando tomaron asiento, una junto a la otra, fui a saludar a Antoinette. Púsele una mano sobre el hombro, en señal de afecto. Antoinette se demudó. No se explicaba cómo yo me acercaba a saludarla o tal vez pensó que yo estaba ajeno a su deslealtad.

En aquella misma ocasión, Dios quiso que yo presenciara a Luisa sufrir un ataque de histeria, durante una intervención suya en asunto que no recuerdo.

Felisa Rincón de Gautier

Felisa Rincón de Gautier, entonces Alcaldesa de San Juan, habíase hecho amiga mía y, por espacio de muchos años, me extendió la mar de consideraciones que yo reciproqué lo mejor que pude. Su actitud hacia mí cambió favorablemente, una vez que estuve yo fuera de la Oficina de Empleo y Migración. Antes, sin embargo, Felisa habíale pedido a su jefe político, el Gobernador Luis Muñoz Marín, que me hiciera salir de aquel cargo por ser yo "republicano malo" que no cooperaba. Este detalle nunca lo discutí con ella. Lo conocía a través de Vicente Géigel Polanco, que estuvo presente durante la entrevista de Felisa con el Gobernador y escuchó todo cuanto allí se dijo.

Después, cuando mis relaciones con Felisa fueron cordiales, le ofrecí a Felisa que aceptara participar en una recepción en su honor, bajo el patrocinio del Fondo de Becas para Estudiantes Puertorriqueños en Nueva York. Ella aceptó, complacida, y escogió la fecha en que se llevaría a efecto la recepción. Y circularon las invitaciones por correo y en la prensa.

Súbitamente, Felisa me pidió cancelar la actividad. No valió mi reiterada intervención para que ella asistiera. Una y otra vez alegó que "Dios sabe que no puedo estar presente." Era obvio que un poder superior le impedía cumplir con su compromiso.

Su hermana, Finí, la representó en aquel acto, que atrajo a varios centenares de admiradores de la Alcaldesa y sostenedores del Fondo de Becas.

Mary Finochiario

Mary Finochiario, antigua profesora de inglés en la Escuela Superior Benjamín Franklin en el Este de Manhattan, pasó a ser supervisora del programa de enseñanza del inglés a los niños puertorriqueños en las escuelas públicas. Quien fuera su principal en la escuela superior, Dr. Leonard Covello, habíase retirado y actuaba de Consultante en Educación en la Oficina de Empleo y Migración, bajo Senior y Monserrat.

En conversación íntima conmigo, Mary, espontáneamente, se refirió al deterioro de las relaciones entre Clarence Senior y José Monserrat, a la desilusión del primero con el segundo y a las intrigas de Monserrat. Mirándome fijamente observó Mary:

— ¡A usted no lo han destruido por su integridad!

¿Qué trauma estaría sufriendo Mary que la indujo a sincerarse conmigo de esa manera?

16

Epílogo

Cuarenta y seis años han transcurrido desde mi participación en la vida del Bronx. Aquella era una espléndida gran comunidad, integrada por ciudadanos de diferentes culturas y estratas sociales – en general, gente de orden, sencilla y trabajadora. Muchas personas de buena voluntad, individualmente y a través de sus organizaciones, se empeñaron en conjurar el caos que amenazaba destruirla. Fracasaron. ¡Al cabo de una generación el Bronx se había convertido en escombros! Dudo de que vuelva a ser lo que fue.

Al recordar con mezcla de nostalgia y emoción mi convivencia en el sector Sur del Bronx, dejo constancia de mi admiración y respeto por la buena gente que allí conocí y con la cual tuve el privilegio de asociarme. Y, para todos, el testimonio de mi gratitud por su amistad y colaboración.

APPENDIX C

Carta de Manuel Cabranes para José A. Cabranes (1961)

Enviado con motivo de la contratación de José A. Cabranes para enseñar historia de los Estados Unidos e historia de Puerto Rico en el Colegio San Ignacio de Loyola, 28 de diciembre de 1961.

Observaciones de un maestre escuela retirado a un neófito profesor de segunda enseñanza. Las sencillas reglas que aparecen a continuación no las aprendió el domine en los libros, sino mediante su experiencia de varios años en el aula. Se las transmite al joven profesor en el mismo espíritu en que el señor Don Quijote dio sus consejos a Sancho, cuando el Duque hizo a este gobernador de Barataria:

1. Lo primero es la CONFIANZA EN UNO MISMO. Esta es la condición indispensable para salir avante en cualquier empresa y, especialmente, cuando se está frente a un grupo de alumnos o ante el público. La confianza en uno mismo emana de la certidumbre absoluta de que el instructor posee conocimientos mucho más vastos y profundos sobre la materia a cubrirse en clase que cualquiera de los alumnos. Para esto sea así, el profesor no deberá depender exclusivamente de sus conocimientos generales, más o menos organizados, sino que se preparará de antemano en los aspectos específicos que haya de cubrir la clase. Un

bosquejo a máquina, con los apuntes que fueren necesarios, podría ser de gran ayuda.

2. Puesto que hay confianza en uno mismo, la actitud ante los alumnos debe ser SERENA, completamente SERENA. Esta buena disposición de ánimo será evidente en el rostro apacible, el movimiento natural de las manos, el hablar pausado y en tono de voz preferiblemente más bajo que alto. (El tono de voz bajo induce a la atención de los oyentes).[1]

3. La cantidad de materia a cubrirse debe estar en proporción al tiempo de clase disponible, para que la clase se conduzca REPOSADAMENTE. El balance entre la cantidad de materia a cubrirse y el tiempo disponible es importante. Por lo general, al maestro principiante le sobra tiempo y al maestro de experiencia le falta. El primero tiende a conducir la clase muy rápidamente y a cubrir más material del que puede asimilarse.

4. Se habla PAUSADAMENTE, sin repetir lo que se dice, excepto, desde luego, cuando se quiere enfatizar algún detalle. No debe el profesor repetir "para beneficio de la clase" las contestaciones e informes que hacen los alumnos en el transcurso de la clase. (Si los alumnos advierten que el profesor acostumbra repetir lo que va diciendo, no pondrán buena atención la primera vez, para escuchar cuando se repita.

5. Una clase de adolescentes se conduce mejor estando el profesor de pie, frente a sus alumnos. Esto facilita el observar la reacción de los educandos mientras la clase progresa. También facilita el uso del pizarrón para escribir ciertos

---

[1]. Es conveniente que en ocasiones el profesor revele su buen sentido humorista, mediante alguna observación graciosa y oportuna. Téngase cuidado, no obstante, de no aparecer sarcástico.

nombres y datos que deben quedar grabados, íd. el uso de mapas. Mas, el profesor no debe estar siempre de pie, en el mismo sitio. A veces lo hace desde un lado del salón y otras se sienta por un momento, mientras escucha algún informe u observa a los alumnos trabajar.

6. Si mientras la clase está conduciéndose dos o más alumnos se distraen conversando entre ellos, procede que el profesor detenga la clase y que permanezca impasible. Esto debe restaurar la normalidad. Alguna vez, cuando la conversación entre alumnos interrumpa la clase y restaurado que haya sido el silencio, el profesor podría observar que "la clase se reanudará cuando los jóvenes que la han interrumpido lo permitan."

7. El Plan de Estudios que hubiera prescrito la Secretaría de Instrucción debe seguirse; igualmente y de buen grado las recomendaciones del Director del plantel.

8. La Historia de Puerto Rico contiene muchas leyendas y anécdotas que deben referirse en clase para hacer su estudio más rico e interesante, v.g., Becerrillo, perro que salva a su amo; el episodio de Salcedo (a quien los indios ahogaron en el río Anasco, descubriendo así que los españoles no eran inmortales); y los piratas y sus hazañas.

Si el joven profesor sigue los sanos consejos que anteceden y las observaciones que pudieran hacerle personas más competentes que este viejo maestro, descubrirá que enseñar es una tarea placentera. Sus alumnos aprovecharán y gozarán sus clases. Más aun: su fama de buen instructor rebasará el ámbito del aula para dejarse sentir en el plantel y la comunidad.

Nueva York, N.Y.,
28 de diciembre de 1961

Acknowledgments

The occasion of a second edition of this fragment of the unfinished memoir of Manuel Cabranes affords me the opportunity to acknowledge the extraordinary assistance and managerial expertise of Sam Heavenrich, a graduate of Columbia College and Yale Law School and a former law clerk now at the New York Bar, as well as of my current law clerk G. Adam Flaherty, a graduate of the University of Mississippi, the University of Oxford, and the Yale Law School. I acknowledge and thank also Martha Engvall, who carefully transcribed the fading Spanish-language typescript prepared on tissue paper by my father on a manual typewriter that we now consider museum quality.

This second edition includes photographs and archival material not available in the first. In this endeavor I am especially grateful for the guidance of Dana Ellwood and Jake Gottfredson, librarians of the U.S. Court of Appeals for the Second Circuit, and two students of the Yale Law School Class of 2027, Jarin Jensen and Brady Worthington. I also thank Jason Lin for his assistance in preparing photographs for this edition.

Most of all, I thank my wife and best friend of more than four decades, Kate Stith-Cabranes, the Lafayette S. Foster Professor of Law at Yale, for her editorial assistance and guidance throughout. My father died just before he was to meet Kate, but her love of his widow and his family, as well as their homeland, encouraged me to pursue this family project.

—José A. Cabranes

www.ingramcontent.com/pod-product-compliance
Lightning Source LLC
LaVergne TN
LVHW050841080526
838202LV00009B/311